William Kahneman

STOP !
TU PENSES TROP !

CONTRÔLE TES PENSÉES - CONTRÔLE TA VIE

Sommaire

Introduction

L'emprise de la surpensée

"Trop penser est la maladie de la société d'aujourd'hui." - Paulo Coelho

L'importance de la pensée et ses dérives

La pensée, cette étincelle intérieure qui illumine notre être, est le fondement de notre essence humaine. C'est elle qui a permis à l'humanité de progresser, d'innover, de créer des civilisations, de peindre des chefs-d'œuvre et de composer des symphonies inoubliables. La pensée est cette voix intérieure qui dialogue avec nous, qui analyse, qui rêve, qui espère. Elle est notre guide, notre boussole, nous permettant de naviguer à travers les complexités de la vie. En somme, elle est ce qui nous rend uniques, nous différenciant de tout autre être sur cette planète.

Lorsque nous pensons de manière constructive, notre esprit est comme un jardin luxuriant. Chaque pensée est une graine qui, une fois plantée et nourrie, peut fleurir en une idée magnifique ou en une solution à un problème complexe. C'est grâce à cette capacité à penser, à rêver et à imaginer que nous avons pu bâtir des villes, écrire des romans et explorer l'univers.

Mais comme toute force puissante, la pensée a ses ombres, ses dérives. Parfois, au lieu de nous élever, elle peut nous emprisonner. Au lieu de nous guider, elle peut nous égarer. C'est le piège de la surpensée.

Imagine un instant une pièce remplie de miroirs. Chaque miroir reflète et multiplie une image, créant une infinité de réflexions. De la même manière, la surpensée multiplie et amplifie chaque doute, chaque peur, chaque regret. Elle nous entraîne dans un labyrinthe sans fin où chaque tournant semble nous ramener au point de départ. C'est un tourbillon mental qui, au lieu de clarifier, embrouille et épuise.

Si tu te reconnais dans cette description, sache que tu n'es pas seul.

De nos jours, la surpensée est devenue un phénomène courant, amplifié par la rapidité et la complexité de notre monde moderne. Nous sommes bombardés d'informations, confrontés à des choix innombrables, poussés à la performance et à la perfection. Tout cela crée un terreau fertile pour l'hyper-réflexion.

La surpensée se manifeste souvent comme un monologue intérieur incessant. Elle nous fait ruminer sur des erreurs passées, nous fait craindre des scénarios catastrophiques futurs, nous fait douter de nos décisions. Elle s'attache à chaque détail, chaque imperfection, chaque "et si". Elle est comme une radio déréglée, dont le volume est constamment à son maximum, diffusant un bruit de fond assourdissant.

Mais d'où vient cette tendance à trop penser ? Pourquoi certains d'entre nous sont-ils plus enclins à se perdre dans ce dédale mental ?

Les racines de la surpensée sont multiples. Pour certains, c'est le résultat d'une éducation rigide, où l'erreur était considérée comme inacceptable. Pour d'autres, c'est le fruit de traumatismes ou d'expériences passées qui ont laissé des cicatrices émotionnelles. La société actuelle, avec ses standards souvent inatteignables de réussite et de beauté, contribue également à ce phénomène. Elle nous pousse à analyser constamment nos actions, nos paroles, notre apparence, dans une quête éternelle de perfection.

Cependant, quelle qu'en soit la cause, les conséquences de la surpensée sont universelles. Elle draine notre énergie, nuit à notre bien-être mental et émotionnel, affecte notre confiance en nous et notre capacité à agir. Elle nous prive des joies simples du présent, nous faisant sans cesse osciller entre les regrets du passé et les angoisses de l'avenir.

Mais tout n'est pas sombre. La prise de conscience est la première étape vers la libération. Reconnaître l'emprise de la surpensée sur notre vie est le début du chemin vers une existence plus équilibrée et sereine.

Car oui, il est possible de briser ce cycle. Il est possible de retrouver la maîtrise de son esprit, de transformer cette surpensée en une réflexion constructive. Tout au long de ce livre, tu découvriras des outils, des techniques et des stratégies pour y parvenir. Tu apprendras à canaliser la puissance de ton esprit, à l'utiliser comme un allié plutôt que comme un adversaire.

Car après tout, la pensée est un cadeau, un trésor inestimable. Elle peut être la clé de notre épanouissement ou le poids de notre malheur. Le choix nous appartient. Et ce guide est là pour t'accompagner, pas à pas, vers la liberté intérieure.

L'esprit emprisonné : la cage insoupçonnée

L'esprit humain est une merveille. Comparable à une toile vierge, il est capable de créer des mondes, d'inventer des histoires, de résoudre des énigmes et d'exprimer des émotions. C'est un sanctuaire d'innovation, d'imagination et de rêverie. Toutefois, comme tout sanctuaire, il peut aussi devenir une prison. Une prison non pas faite de barreaux d'acier ou de murs de pierre, mais d'une cage bien plus insidieuse : celle de la surpensée.

Imagine un instant un oiseau majestueux. Ses ailes sont faites pour traverser les cieux, pour danser avec le vent, pour explorer des horizons sans fin. Mais cet oiseau, pour une raison ou une autre, se retrouve captif. Enfermé dans une cage, il peut voir le monde extérieur, sentir la brise, entendre les chants de ses congénères, mais il est piégé, incapable de voler librement.

C'est précisément ce que la surpensée fait à notre esprit. Elle le confine, le limite, le prive de sa liberté naturelle. Elle le remplit de doutes, d'angoisses, de peurs, créant un brouhaha constant qui étouffe sa véritable essence. Elle le transforme en un espace réduit, où chaque pensée semble rebondir sans cesse, amplifiée, déformée.

Si tu te sens souvent submergé par tes propres pensées, pris au piège de ton propre esprit, alors tu connais cette cage.

La surpensée est comme une toile d'araignée. Subtile, presque invisible, mais incroyablement résistante. Elle nous enveloppe lentement, fil après fil, jusqu'à ce que nous nous retrouvions complètement emprisonnés, incapables de voir clairement, de ressentir librement, de vivre pleinement. Elle transforme notre esprit en une chambre d'écho, où chaque inquiétude, chaque regret, chaque peur est amplifiée à l'infini.

Mais d'où vient cette cage ? Pourquoi certains d'entre nous semblent-ils plus enclins à s'y enfermer ? La réponse est complexe et multifactorielle.

Pour certains, cette cage est le produit d'expériences traumatisantes ou douloureuses. Un échec, une trahison, une perte... Ces événements laissent des cicatrices, créant des barrières invisibles que l'esprit met en place pour se protéger. Pour d'autres, c'est le fruit d'une éducation stricte, où la moindre erreur était sévèrement punie, où la perfection était la seule norme acceptable. Dans de tels environnements, l'esprit apprend à douter constamment, à s'interroger, à craindre le jugement.

La société moderne joue également un rôle. Dans un monde où nous sommes constamment connectés, bombardés d'informations, comparés aux autres, il est facile de se sentir insuffisant, dépassé, piégé. Les réseaux sociaux, malgré leurs avantages, peuvent également contribuer à cette sensation d'emprisonnement. Chaque publication, chaque photo, chaque commentaire peut devenir une source d'angoisse, un miroir déformant reflétant une version idéalisée et souvent irréelle de la réalité.

Mais la bonne nouvelle, c'est que cette cage, aussi solide qu'elle puisse paraître, a une faiblesse. Elle est de notre propre création. Et tout ce qui est créé peut être déconstruit.

La première étape pour briser ces barreaux invisibles est la prise de conscience. Reconnaître que nous sommes pris au piège, que nous sommes les gardiens de notre propre prison, est essentiel. C'est le début du voyage vers la liberté.

Au fur et à mesure de la lecture de ce guide, tu découvriras des outils, des techniques et des exercices pour retrouver cette liberté. Tu apprendras à questionner et à défier chaque pensée, à distinguer la réalité de l'illusion, à reconnaître et à briser les chaînes qui te retiennent.

Car, en fin de compte, notre esprit est fait pour voler, pour explorer, pour rêver. Il est temps de lui redonner ses ailes, de lui permettre de s'élever au-dessus des nuages de doutes et d'angoisses, de retrouver le ciel bleu de la sérénité et de la paix intérieure.

Chapitre 1

Traits de la pensée excessive

"La surpensée est l'art de créer des problèmes qui n'existaient pas." - Thomas Sowell

Reconnaître la surpensée : les signes avant-coureurs

L'esprit humain est comparable à une rivière. Lorsqu'il est en équilibre, il coule paisiblement, reflétant la beauté du monde, tout en restant vif et dynamique. Mais parfois, ce cours d'eau tranquille peut se transformer en un torrent tumultueux, emportant tout sur son passage. C'est l'image même de la surpensée : un flot incessant de pensées, d'angoisses et de doutes qui submerge notre conscience.

Mais comment reconnaître ce torrent avant qu'il ne devienne un déluge ? Quels sont les signes avant-coureurs de la surpensée ? Comment distinguer une réflexion saine et constructive d'une rumination obsédante et destructrice ?

Si tu te poses ces questions, sache que tu as déjà franchi la première étape vers la maîtrise de ton esprit. Car reconnaître le problème, c'est déjà en posséder une partie de la solution.

Voici quelques signes révélateurs de la sur-pensée, ces alarmes silencieuses qui sonnent dans notre esprit.

- **La rumination constante** : Comme un disque rayé, ton esprit rejoue sans cesse les mêmes scènes, les mêmes conversations, les mêmes regrets. Tu te retrouves à revivre des événements passés, à analyser chaque détail, chaque mot, chaque geste, cherchant des réponses ou des justifications.
- **L'anxiété anticipatrice** : Ton esprit est sans cesse tourné vers le futur, envisageant tous les scénarios possibles, même les plus improbables. Chaque décision, chaque action est précédée d'une longue réflexion, d'une pesée des pour et des contre.
- **La paralysie par l'analyse** : Face à un choix ou une décision, tu te sens paralysé, incapable d'agir. Tu analyses, tu pèses, tu évalues, mais tu te re-

trouves dans une impasse, prisonnier de ton propre processus de réflexion.

- **La crainte constante du jugement** : Chaque parole, chaque action est filtrée par la peur du regard des autres. Tu te demandes sans cesse comment tu es perçu, ce que les autres pensent de toi, craignant le moindre jugement ou critique.

- **Le sommeil perturbé** : Les nuits sont agitées, interrompues par des pensées qui tournent en boucle. S'endormir devient un défi, car l'esprit refuse de se taire, poursuivant son monologue incessant.

- **L'incapacité à vivre le moment présent** : Tu te retrouves souvent ailleurs, perdu dans tes pensées, absent du monde qui t'entoure. Les moments de joie, de partage, de connexion sont éclipsés par cet arrière-plan mental bruyant.

Reconnaître ces signes est essentiel. Ce sont les sentinelles silencieuses qui nous alertent, nous indiquant que notre esprit est en train de dériver vers des eaux dangereuses. Mais il est crucial de comprendre que ces signes ne sont pas des condamnations. Ils sont des invitations à agir, à reprendre le contrôle, à rediriger le cours de notre pensée.

La surpensée est comme une plante envahissante. Laisse-la s'installer, et elle étouffera tout sur son passage. Mais prends le temps de l'identifier, de comprendre ses racines et ses mécanismes, et tu pourras la maîtriser, la canaliser, voire la transformer en une force positive.

Chaque signe avant-coureur est une clé, un outil pour mieux comprendre ton esprit. En les identifiant, en les analysant, tu pourras définir des stratégies pour les contrer, pour transformer cette surpensée en une réflexion constructive.

Car, en fin de compte, la pensée n'est pas l'ennemie. C'est la manière dont nous la gérons, dont nous la canalisons, qui fait toute la différence. Et ce livre est là pour te guider, étape par étape, sur ce chemin de libération et de maîtrise.

Le cycle infernal : comprendre les schémas répétitifs

La vie est faite de cycles. Le jour laisse place à la nuit, les saisons se succèdent, la nature s'éveille puis s'endort. Tout dans l'univers semble obéir à ce rythme naturel, à cette danse éternelle entre commencement et achèvement. Cependant, certains cycles, loin d'être harmonieux, peuvent devenir de véritables tourments, des spirales infernales qui nous entraînent dans les abysses de notre esprit. L'un de ces cycles est celui de la surpensée et de ses schémas répétitifs.

Imagine un instant un manège. Au début, c'est excitant, novateur. Les lumières scintillent, la musique joue, le monde tourne autour de toi. Mais après plusieurs tours, le plaisir s'estompe. Les mêmes paysages défilent, la même mélodie résonne, et ce qui était autrefois une aventure devient une routine, un piège. Tu souhaites descendre, mais le manège ne s'arrête pas. C'est le cycle infernal de la surpensée.

Si tu as déjà ressenti cette sensation de tourner en rond dans ta tête, d'être pris dans une boucle sans fin de doutes, de peurs, d'analyses, alors tu connais bien ce manège.

Mais d'où vient ce cycle ? Pourquoi certains d'entre nous semblent-ils plus enclins à s'y enfermer ? Et surtout, comment le briser ?

- **Origines du cycle** : La surpensée est souvent le résultat d'un mélange de facteurs personnels, émotionnels et environnementaux. Des expériences traumatisantes, un environnement stressant, une pression sociétale ou une tendance naturelle à l'introversion peuvent tous contribuer à l'émergence de ce cycle. Chaque pensée, chaque inquiétude, alimente la suivante, créant une cascade sans fin.
- **Les pièges du perfectionnisme** : Pour beaucoup, la surpensée est alimentée par une quête incessante de perfection. Le désir d'être le meilleur, de ne commettre aucune erreur, de toujours prendre la bonne décision. Mais cette quête est souvent vaine, car la perfection est une illusion. Et plus nous la poursuivons, plus le cycle de la surpensée se renforce.
- **L'impact de la comparaison** : Dans notre ère numérique, nous sommes constamment bombardés d'images de réussite, de bonheur, de perfection. Sur les réseaux sociaux, chacun semble mener une vie idyllique, exacer-

bant nos doutes et nos insécurités. Cette comparaison constante alimente la surpensée, nous poussant à remettre en question nos choix, nos actions, notre valeur.

- **La peur de l'inconnu** : L'une des principales causes de la surpensée est la peur de l'inconnu. Face à l'incertitude, notre esprit cherche à anticiper, à planifier, à contrôler. Mais plus nous essayons de prédire l'avenir, plus nous alimentons le cycle infernal de la surpensée.

- **La réaction émotionnelle** : Nos émotions jouent un rôle crucial dans la surpensée. Une émotion forte, qu'elle soit positive ou négative, peut déclencher une avalanche de pensées. Et si ces émotions ne sont pas traitées, si elles sont refoulées ou ignorées, elles continueront à alimenter le cycle.

Comprendre ces schémas répétitifs est la clé pour briser le cycle. Car une fois que nous identifions les déclencheurs, les facteurs sous-jacents, nous pouvons commencer à élaborer des stratégies pour les contrer.

Mais comment briser ce cycle ? Comment sortir de cette spirale infernale et retrouver la paix intérieure ?

Tout d'abord, il est essentiel d'accepter le fait que nous ne pouvons pas tout contrôler. La vie est imprévisible, et c'est ce qui la rend si précieuse. En lâchant prise, en acceptant l'incertitude, nous pouvons réduire la force du cycle.

Ensuite, il est crucial de cultiver la pleine conscience. En étant pleinement présent, en ancrant notre esprit dans le moment présent, nous pouvons échapper à la tyrannie de la surpensée. Des techniques telles que la méditation, la respiration profonde ou la pratique de la gratitude peuvent être d'une aide inestimable.

Enfin, il est important de se rappeler que la pensée, en soi, n'est pas le problème. C'est la manière dont nous gérons, dont nous canalisons ces pensées qui fait toute la différence. En apprenant à diriger notre esprit, à choisir consciemment sur quoi se concentrer, nous pouvons transformer la surpensée en une force positive.

Car au bout du compte, notre esprit est un outil, un allié. C'est à nous de décider comment l'utiliser, de choisir si nous voulons être maîtres ou esclaves de nos pensées. Et ce guide est là pour te montrer le chemin, pour te donner les clés pour briser le cycle et retrouver la liberté intérieure.

Chapitre 2

La racine de l'anxiété

"L'inquiétude ne vide pas demain de son chagrin, elle vide seulement aujourd'hui de sa force."
\- Corrie Ten Boom

Les origines profondes de nos inquiétudes

Au cœur de la forêt de notre esprit, il y a un arbre majestueux : l'arbre de l'anxiété. Ses branches s'étendent dans toutes les directions, touchant presque tous les aspects de notre vie. Ses racines, profondes et entrelacées, plongent dans le sol de nos expériences, de nos souvenirs, de nos peurs. Mais d'où vient cet arbre ? Pourquoi pousse-t-il si vigoureusement dans le jardin de notre conscience ?

Si tu as déjà ressenti le poids oppressant de l'anxiété, si tu as déjà été paralysé par cette vague d'inquiétude qui semble surgir de nulle part, alors tu es au bon endroit.

Pour comprendre l'anxiété, il faut d'abord explorer ses origines, déterrer ses racines, car c'est là que réside la clé de sa maîtrise.

- **La biologie de l'anxiété** : Avant tout, il est essentiel de reconnaître que l'anxiété n'est pas simplement un produit de notre imagination ou de notre faiblesse. Elle a des racines biologiques profondes. Dans les temps anciens, nos ancêtres devaient faire face à des menaces constantes - prédateurs, intempéries, famine. L'anxiété était alors une réponse de survie, une alarme qui nous mettait en état d'alerte face à un danger imminent. Cette réaction, codée dans nos gènes, persiste encore aujourd'hui. Même si les tigres à dents de sabre ne rôdent plus autour de nos campements, notre cerveau continue de réagir aux menaces modernes - deadlines, pressions sociales, préoccupations financières - de la même manière qu'il réagissait aux dangers d'autrefois.

- **Les traumatismes du passé** : Les événements douloureux ou traumatisants laissent des empreintes indélébiles dans notre esprit. Qu'il s'agisse d'une enfance difficile, d'une perte tragique ou d'une expérience traumatisante, ces souvenirs peuvent alimenter notre anxiété, la faisant ressurgir à des moments inattendus. Chaque fois que nous sommes confrontés à une situation qui évoque, même de loin, ces souvenirs, notre esprit sonne l'alarme, nous plongeant dans un état d'anxiété.

- **La pression de la société moderne** : Nous vivons à une époque de surstimulation constante. Les actualités, les réseaux sociaux, les exigences professionnelles... Chaque aspect de notre vie semble exiger notre attention, notre performance, notre perfection. Cette pression constante crée un terreau fertile pour l'anxiété, nous poussant à nous interroger sur notre valeur, notre place, notre futur.

- **Les croyances limitantes** : Au fil des ans, nous développons des croyances sur nous-mêmes, sur le monde qui nous entoure. "Je ne suis pas assez bon", "Le monde est un endroit dangereux", "Je ne mérite pas le bonheur". Ces croyances, souvent inconscientes, façonnent notre perception et alimentent notre anxiété. Chaque défi, chaque obstacle, est vu à travers le prisme de ces croyances, amplifiant notre inquiétude.

- **La peur de l'inconnu** : L'incertitude est une partie inévitable de la vie. Pourtant, pour beaucoup d'entre nous, elle est une source majeure d'anxiété. Face à l'inconnu, notre esprit imagine le pire, envisageant tous les scénarios catastrophiques possibles, alimentant ainsi le cycle de l'anxiété.

Comprendre ces origines est la première étape pour affronter l'anxiété. En explorant ses racines, en déterrant ses causes profondes, tu peux commencer à la voir sous un jour nouveau. Elle n'est plus une force mystérieuse et incontrôlable, mais une réaction compréhensible, même si elle est parfois excessive.

Car l'anxiété, malgré tout le malaise qu'elle peut causer, n'est pas l'ennemie. Elle est un messager, un signal que quelque chose doit être adressé, exploré, résolu. Et avec les bons outils, les bonnes stratégies, tu peux apprendre à écouter ce message, à comprendre ce qu'il essaie de te dire, et à répondre d'une manière qui te libère de son emprise.

Le voyage vers la maîtrise de l'anxiété n'est pas facile. Il nécessite du courage, de la persévérance, de la patience. Mais chaque pas, chaque prise de conscience, te rapproche de la paix intérieure, de la liberté émotionnelle.

Des solutions pour chaque racine

Face à la complexité de l'anxiété, une approche globale et individualisée s'impose. Comprendre les origines est crucial, mais c'est la mise en action qui te permettra de retrouver la sérénité. Pour chaque racine identifiée, voici des pistes concrètes pour te guider sur le chemin de la libération :

Face à la biologie de l'anxiété :
- **Réapprendre à son corps** : Le corps a sa propre intelligence. Des techniques telles que la respiration profonde, le yoga ou la méditation peuvent aider à calmer le système nerveux et à créer un état de relaxation.

  Réévaluation des menaces : Prends un moment pour évaluer objectivement les "menaces" de ta vie. Est-ce une véritable menace ou simplement une perception ? En confrontant ces peurs, tu peux progressivement réduire leur impact.

Face aux traumatismes du passé :
- **Thérapie** : Envisage une thérapie avec un professionnel qualifié. Parler de tes expériences, les explorer dans un environnement sûr peut être libérateur.

Journalisation : Écrire sur ses traumatismes peut aider à les traiter et à les libérer. C'est un moyen d'extérioriser les émotions et de voir les choses sous un nouvel angle.

Face à la pression de la société moderne :

- **Déconnexion numérique** : Prends des pauses régulières loin des écrans. Ces moments de déconnexion peuvent réduire l'overdose d'informations et te permettre de te recentrer.
- **Fixe des limites** : Il est essentiel de savoir dire non, de définir ses limites pour ne pas être constamment submergé par les demandes extérieures.

Face aux croyances limitantes :

- **Questionne-toi** : Chaque fois que tu rencontres une croyance limitante, pose-toi la question : est-ce vrai ? Est-ce toujours vrai ? D'où vient cette croyance ?

Affirmations positives : Remplace les croyances limitantes par des affirmations positives. Répète-les chaque jour pour reprogrammer ton esprit.

Face à la peur de l'inconnu :

- **Prends des petites actions** : Plutôt que d'éviter l'inconnu, plonge-y par petites étapes. Chaque petite action te donnera confiance et réduira l'anxiété associée.

- **Visualisation** : Visualise le meilleur scénario possible. Cela réoriente ton esprit vers le positif et réduit l'anxiété de l'inconnu.

L'importance du soutien

Sache que tu n'es pas seul dans cette quête. Cherche le soutien d'amis, de la famille ou de groupes spécialisés. Parler de ton anxiété, partager tes sentiments et tes préoccupations, peut en réduire la charge. Le simple fait de savoir que d'autres personnes ont vécu la même chose, ou sont là pour t'écouter, peut être incroyablement libérateur.

Prends soin de toi

N'oublie jamais l'importance des soins personnels. Que ce soit par la méditation, la lecture, une promenade dans la nature, ou simplement en prenant un moment pour toi, ces petites pauses peuvent faire une grande différence. Elles te permettent de te reconnecter à toi-même, de te recentrer et de réduire l'anxiété.

Avec ces outils et ces stratégies, tu es mieux armé pour affronter et surmonter l'anxiété. Bien que le chemin puisse être jonché d'obstacles, chaque pas te rapproche de la paix, de la sérénité et du bien-être. Tu mérites une vie libérée des chaînes de l'anxiété, et chaque action, chaque prise de conscience, te rapproche de cet idéal.

Techniques de gestion de l'anxiété : retrouver la sérénité

L'anxiété, cette ombre qui plane parfois au-dessus de nous, peut sembler insurmontable. Mais, comme le soleil perce les nuages les plus sombres, il existe des techniques pour illuminer nos jours les plus sombres. Ces méthodes, ancrées dans la science, la tradition et la pratique, sont autant de phares pour guider ta quête de sérénité.

Le voyage sensoriel : s'ancrer dans le présent

L'anxiété nous projette souvent dans un futur incertain ou nous fait revivre un passé douloureux. Une technique efficace pour briser cette chaîne est de revenir au moment présent à travers nos sens.

La technique des 5-4-3-2-1 : Cette méthode est une invitation à redécouvrir le monde autour de toi. Lorsque l'anxiété monte, nous oublions souvent la beauté et la richesse de notre environnement immédiat. En identifiant 5 choses que tu peux voir, tu réapprends à observer : le mouvement des feuilles dans le vent, le sourire d'un passant. Puis, en reconnaissant 4 textures sous tes doigts, tu te reconnectes avec le toucher : la douceur d'un tissu, la rugosité d'une table en bois. En prêtant attention à 3 sons distincts, tu redonnes de la valeur à l'ouïe : le chant des oiseaux, les rires d'enfants jouant. Enfin, en identifiant 2 odeurs et 1 goût, tu t'ancre fermement dans le moment, appréciant pleinement l'expérience sensorielle qui t'entoure. Cette technique est une bouffée d'air frais, une échappatoire instantanée à l'étreinte de l'anxiété.

Le pouvoir de la parole : parler pour libérer

Nos sociétés valorisent souvent le stoïcisme, cette capacité à endurer en silence. Mais l'anxiété se nourrit de ce silence.

- **Thérapie cognitivo-comportementale (TCC)** : La TCC est une collaboration entre toi et un thérapeute pour déconstruire et reconstruire ton dialogue interne. Ensemble, vous explorerez les schémas de pensée qui alimentent ton anxiété. À chaque séance, tu apprendras à défier ces pensées, à les démanteler, puis à les reconstruire de manière plus positive et réaliste. La TCC n'est pas une solution miracle, mais avec le temps et la pratique, elle peut transformer ta relation avec l'anxiété, te donnant les outils pour la gérer activement.

La puissance de l'engagement physique : bouger pour apaiser

Notre corps et notre esprit sont inextricablement liés. Lorsque l'esprit est agité, le corps ressent ce tumulte. Et lorsque le corps bouge, l'esprit trouve souvent la paix.

- **L'exercice aérobie** : L'activité physique libère des endorphines, ces neurotransmetteurs qui agissent comme des analgésiques naturels du corps. Mais au-delà de cette chimie, courir ou nager sont des méditations en mouvement. Chaque pas, chaque mouvement, est une célébration du moment présent, une fuite loin des préoccupations. Avec le temps, cette pratique peut devenir une bouée de sauvetage, un moment de répit dans une journée autrement agitée.

La magie de l'art : exprimer pour transcender

L'art est une fenêtre vers l'âme, un miroir qui reflète nos profondeurs les plus secrètes.

- **Art-thérapie** : À travers les couleurs, les formes, les textures, tu es invité à explorer ton monde intérieur. L'art-thérapie n'est pas tant une question de talent artistique qu'une exploration de soi. Chaque coup de pinceau, chaque ligne tracée, est une partie de ton histoire, une facette de ton expérience. En te perdant dans la création, tu peux souvent trouver des réponses, des apaisements, des compréhensions qui échappent aux mots.

L'ancienne sagesse : les remèdes naturels

Avant la médecine moderne, nos ancêtres se tournaient vers la nature pour trouver soulagement et guérison.

- **L'aromathérapie** : Les huiles essentielles sont des concentrés puissants qui captent l'essence des plantes. En inhalant ou en appliquant ces huiles, tu te connectes à cette essence, à cette énergie. Par exemple, la lavande est reconnue pour ses propriétés apaisantes. En diffusant son arôme dans une pièce, tu crées un sanctuaire de paix, un refuge contre l'anxiété.

Chacune de ces techniques est un outil, un allié dans ta quête de sérénité. Elles ne sont pas des solutions miracles, mais avec la pratique et la persévérance, elles peuvent devenir des piliers solides sur lesquels s'appuyer dans les moments difficiles.

Chapitre 3

Le cauchemar du bourdonnement incessant

"L'esprit silencieux est plus important que le mental occupé." - Dalai Lama

Comprendre le bourdonnement : pourquoi notre esprit ne se tait-il jamais ?

Il est tard, la pièce est plongée dans l'obscurité, seuls les murmures de la nuit s'infiltrent par la fenêtre entrouverte. Tu es allongé, cherchant désespérément le sommeil, mais un bruit persistant t'en empêche. Ce n'est pas un bruit extérieur, mais un bourdonnement intérieur, un flux incessant de pensées, d'idées, de souvenirs et d'inquiétudes. Pourquoi notre esprit semble-t-il si réticent à se taire, même dans ces moments où nous recherchons désespérément la tranquillité ?

Le cerveau humain est une merveille de la nature. Avec ses milliards de neurones interconnectés, il est capable de prouesses incroyables. Mais cette même complexité est souvent à l'origine de ce bourdonnement constant. Pour comprendre ce phénomène, il est essentiel de plonger dans les profondeurs de notre psyché.

D'abord, il est crucial de se rappeler que notre cerveau est, avant tout, un organe de survie. Depuis les premiers jours de l'humanité, il a évolué pour anticiper les dangers, planifier des solutions, se souvenir des leçons apprises. Chaque pensée, aussi insignifiante soit-elle, est un écho de cette mission première. Ainsi, lorsque ton esprit rumine sur une conversation embarrassante d'il y a trois ans ou anticipe avec anxiété une réunion future, il exécute sa programmation originelle : apprendre, anticiper, prévenir.

De plus, dans notre monde moderne, nous sommes bombardés d'informations à chaque instant. Nos ancêtres n'avaient qu'à se soucier des éléments immédiats de leur environnement, tandis que nous sommes connectés à l'ensemble de la planète. Cette surcharge d'informations crée un afflux constant de stimuli pour notre cerveau, qui essaie désespérément de tout traiter, de tout comprendre, de tout mémoriser. Il n'est donc pas surprenant que notre esprit semble toujours en ébullition, essayant de naviguer dans cet océan d'informations.

La culture joue également un rôle crucial. La valorisation de la multitâche, de la productivité constante, de l'ambition, pousse notre esprit à toujours penser à la prochaine étape, au prochain objectif, à la prochaine tâche. Il est rarement encouragé à se poser, à contempler, à simplement être. Ainsi, le bourdonnement devient un bruit de fond constant, une mélodie à laquelle nous sommes tellement habitués que le silence semble étranger.

Par ailleurs, les émotions refoulées contribuent grandement à ce brouhaha interne. Les souvenirs douloureux, les regrets, les rêves non réalisés, les désirs inavoués : tous ces éléments s'entassent dans les recoins de notre esprit. Et, comme l'eau retenue derrière un barrage, ils cherchent constamment une issue. Ce sont ces éclats émotionnels qui ressurgissent souvent lorsque nous cherchons le calme, perturbant notre quiétude.

Alors, comment apaiser ce bourdonnement ? La première étape est la reconnaissance. Accepte que ton esprit soit naturellement enclin à la rumination, à la projection, à la réminiscence. Cette acceptation crée un espace de non-jugement, un environnement où le bourdonnement peut être observé sans résistance. Ensuite, il est essentiel de se reconnecter à l'instant présent. Comme un enfant distrait, ramène doucement ton esprit au moment présent chaque fois qu'il vagabonde. Avec le temps et la pratique, ce retour à l'instant présent deviendra plus naturel, plus instinctif.

Enfin, n'hésite pas à chercher des outils et des techniques qui résonnent avec toi. Certains trouveront la paix dans la méditation, d'autres dans la nature, d'autres encore dans l'art ou la musique. Le silence intérieur est une quête personnelle, un voyage intime où chaque découverte, chaque réalisation, te rapproche de la sérénité.

En comprenant les mécanismes à l'origine du bourdonnement, en se reconnectant à l'instant présent, et en s'armant des bons outils, tu peux retrouver ce silence intérieur, ce sanctuaire de paix où la sérénité règne en maître.

Nous avons établi que notre esprit est une machine constamment en marche, cherchant à traiter, analyser, et anticiper. Mais il est aussi important de se demander si ce bourdonnement constant est réellement une malédiction, ou s'il pourrait, d'une certaine manière, être une bénédiction déguisée.

En effet, ce courant incessant de pensées témoigne de la vitalité et de la curiosité de notre esprit. C'est cette même curiosité qui nous pousse à innover, à créer, à rêver. Sans ce flux continu, serions-nous capables des mêmes prouesses artistiques, scientifiques ou philosophiques ?

Pourtant, tout comme une rivière puissante peut être belle mais destructrice, ce flux incessant peut devenir débilitant s'il n'est pas canalisé. Nos esprits, s'ils ne sont pas guidés, peuvent nous entraîner dans des marécages d'inquiétudes infondées ou des torrents d'auto-critique. Mais, avec la bonne orientation, cette énergie peut être utilisée pour alimenter notre créativité, notre passion et notre empathie.

L'une des clés pour transformer ce bourdonnement en un allié est de pratiquer la pleine conscience. Au lieu de te laisser emporter par ce flot, prends un moment pour t'asseoir sur la rive et observe simplement le courant de tes pensées. Sans jugement, sans attachement. Comme si tu étais un observateur externe, regarde ces pensées venir et partir. Avec le temps, tu commenceras à remarquer des motifs, des cycles. Peut-être que certaines inquiétudes reviennent fréquemment, ou que certaines rêveries te procurent de la joie. En observant ces motifs, tu peux commencer à comprendre les profondeurs de ton propre esprit.

Par ailleurs, il est essentiel de nourrir son esprit de manière positive. Tout comme un jardin bien entretenu produira de belles fleurs et des fruits délicieux, un esprit nourri de lectures inspirantes, de conversations significatives, et de moments de contemplation portera des fruits de sagesse, de créativité et de paix. Cherche des sources d'inspiration qui te parlent, qu'il s'agisse de livres, de musique, d'art ou de nature. Laisse ces influences positives te guider et modeler le courant de tes pensées.

Enfin, rappelle-toi que tu n'es pas seul dans cette quête. Chaque être humain, à travers les âges et les cultures, a lutté avec ce bourdonnement intérieur. En cherchant du soutien, que ce soit à travers des groupes de méditation, des thérapeutes, ou simplement des amis compréhensifs, tu peux trouver des camarades de voyage pour t'accompagner sur ce chemin vers la paix intérieure.

En fin de compte, le bourdonnement de l'esprit n'est ni bon ni mauvais en soi. C'est plutôt la manière dont nous choisissons de nous rapporter à lui qui détermine son impact sur notre vie. Avec compréhension, compassion et engagement, nous pouvons transformer ce bruit de fond en une mélodie douce et apaisante qui enrichit chaque moment de notre existence.

Stratégies et mini-techniques pour une relaxation profonde

La quête d'une relaxation profonde est à la fois ancienne et universelle. Dans le tumulte de la vie, au milieu du bourdonnement incessant de nos pensées, trouver un moment de quiétude est un luxe que beaucoup cherchent. Heureusement, la relaxation profonde n'est pas un mystère impénétrable, mais plutôt un état que nous pouvons cultiver grâce à des stratégies et des techniques éprouvées.

L'art de la respiration consciente

Chaque souffle que nous prenons est une manifestation de la vie elle-même. Pourtant, combien d'entre nous sont réellement conscients de notre respiration ? L'art de la respiration consciente est une pratique simple mais puissante qui peut contribuer à réduire le stress, à clarifier l'esprit et à favoriser une présence accrue dans le moment présent. Chaque souffle que nous prenons est une manifestation de la vie elle-même, mais souvent nous ne sommes pas pleinement conscients de cette action vitale. La respiration consciente nous invite à porter une attention intentionnelle à notre respiration et à cultiver une connexion profonde avec notre corps et notre esprit.

Pour commencer la pratique de la respiration consciente, trouve un endroit calme où tu peux t'asseoir confortablement. Ferme les yeux et prends quelques instants pour te recentrer. Porte ton attention sur ton souffle, en remarquant comment l'air entre et sort de tes poumons. Sens les mouvements subtils de ton corps à chaque inspiration et expiration. Observe la sensation de l'air frais qui entre par tes narines, remplit doucement tes poumons, puis ressens l'expiration où l'air chaud quitte ton corps. Sois présent à chaque instant de ce cycle de respiration, en restant détendu et détaché de tout jugement.

Au fur et à mesure que tu t'engages dans cette pratique, tu peux commencer à expérimenter différentes variations de la respiration consciente pour approfondir ton expérience. Par exemple, tu peux essayer de rallonger ton souffle en inspirant profondément pendant quelques secondes, puis en expirant lentement sur une durée similaire. Cette technique de respiration profonde peut être particulièrement apaisante et aider à réduire le stress et l'anxiété.

Un autre aspect essentiel de la respiration consciente est de ramener ton attention à la respiration chaque fois que ton esprit divague. Il est normal que des pensées, des émotions ou des distractions extérieures surviennent pendant la pratique. Lorsque cela se produit, observe simplement ces pensées sans t'y attacher, puis ramène doucement ton attention à ta respiration. Ce processus d'observation et de recentrage t'aide à développer une conscience de tes pensées et à cultiver une présence détachée.

Même quelques minutes de pratique quotidienne de la respiration consciente peuvent avoir des effets bénéfiques sur ta santé mentale et émotionnelle. Non seulement cela t'aide à te détendre, mais cela favorise également une clarté mentale accrue et une plus grande conscience de toi-même. En t'ancrant dans le moment présent à travers la respiration consciente, tu peux apprécier pleinement le présent, libérer les pensées excessives et cultiver un état de calme intérieur.

N'hésite pas à intégrer la respiration consciente dans ta routine quotidienne, que ce soit au réveil, avant de te coucher, ou à tout moment où tu ressens le besoin de te recentrer. Cette pratique est un outil précieux pour arrêter de trop penser, trouver la paix intérieure et vivre avec une plus grande présence et sérénité.

La visualisation guidée

La puissance de l'imagination est immense. La visualisation guidée utilise cette puissance pour créer des expériences mentales apaisantes. Imagine-toi marchant le long d'une plage déserte, sentant le sable chaud sous tes pieds, écoutant le doux clapotis des vagues. Ou peut-être te vois-tu dans une forêt paisible, entouré d'arbres majestueux et baigné par une lumière douce. Ces scénarios, bien qu'ils soient des fabrications de l'esprit, peuvent avoir un effet profondément relaxant sur le corps et l'esprit.

La visualisation tire parti du pouvoir de l'imagination pour créer des expériences mentales apaisantes et bénéfiques. Notre capacité à imaginer des scénarios et à les vivre dans notre esprit nous permet de nous immerger dans des environnements relaxants et ressourçants, même s'ils sont purement le fruit de notre imagination. Pour commencer la pratique de la visualisation guidée, trouve un endroit tranquille où tu peux t'asseoir confortablement. Ferme les yeux et prends quelques instants pour te détendre et te centrer. Ensuite, invite ton imagination à créer un paysage apaisant dans ton esprit.

Peut-être te vois-tu marchant le long d'une plage déserte. Ressens la chaleur du sable sous tes pieds nus, écoute le doux clapotis des vagues s'échouant sur le rivage. Sens le vent caresser ton visage et respirer l'air marin rafraîchissant. Prends le temps d'explorer ce paysage mental, en te connectant avec tous tes sens pour vivre pleinement cette expérience imaginaire.

Une autre possibilité est de te transporter dans une forêt paisible. Visualise-toi entouré d'arbres majestueux, sentant l'odeur boisée et fraîche de la nature. Perçois la douce lumière filtrant à travers les feuilles des arbres, créant une ambiance paisible et sereine. Prends le temps d'apprécier chaque détail de cet environnement imaginaire, en te sentant enveloppé par la beauté et la tranquillité de la nature.

L'objectif de la visualisation guidée est de permettre à ton esprit de s'immerger pleinement dans ces scénarios apaisants. Lorsque tu te visualises dans ces environnements, essaye d'engager tous tes sens pour rendre l'expérience plus vivante et immersive. Plus tu te concentres sur les détails sensoriels, plus tu seras en mesure de profiter des bienfaits de cette pratique.

Pendant la visualisation guidée, il est possible que des pensées distractives surgissent de temps en temps. Si cela se produit, accepte ces pensées sans jugement et ramène doucement ton attention vers l'environnement imaginaire que tu as créé. Laisse ces pensées s'éloigner aussi facilement qu'elles sont venues, en te recentrant sur ton paysage intérieur.

La visualisation guidée peut être pratiquée à tout moment où tu souhaites te détendre, te ressourcer ou simplement échapper au tumulte de la vie quotidienne. Que ce soit quelques minutes par jour ou une séance plus longue, cette pratique t'offre une pause bienvenue pour nourrir ton esprit et ton corps.

Rappelle-toi que ces scénarios imaginaires ne sont pas réels, mais ils peuvent avoir un effet profondément relaxant sur ton corps et ton esprit. La visualisation guidée te permet de créer un espace intérieur sûr et paisible où tu peux te retirer lorsque tu as besoin de calme et de tranquillité.

En explorant régulièrement la visualisation guidée, tu renforces ta capacité à utiliser ton imagination de manière positive et bénéfique. Cela te permet de cultiver un état de relaxation profonde et de trouver un refuge intérieur où tu peux te ressourcer et te recentrer.

La détente musculaire progressive

Le stress et l'anxiété ont souvent un impact physique, provoquant des tensions musculaires. La détente musculaire progressive est une technique qui t'apprend à reconnaître et à libérer ces tensions. Elle implique de tendre puis de relâcher chaque groupe musculaire du corps, de la pointe des pieds jusqu'au sommet de la tête. Avec la pratique, tu apprendras à détecter les signes subtils de tension et à les relâcher, apportant une relaxation profonde à la fois à ton corps et à ton esprit.

La détente musculaire progressive est une méthode efficace pour apaiser les tensions physiques causées par le stress et l'anxiété. Nos émotions peuvent se manifester dans notre corps, créant des blocages musculaires et des crispations. La détente musculaire progressive te permet d'identifier ces tensions et de les relâcher consciemment, offrant une relaxation profonde à ton corps et à ton esprit.

Pour commencer la pratique de la détente musculaire progressive, trouve un endroit calme où tu peux t'asseoir ou t'allonger confortablement. Ferme les yeux et prends quelques instants pour te détendre et te recentrer. Prends conscience de ton corps et de ses sensations.

Commence par concentrer ton attention sur la pointe de tes pieds. Contracte les muscles de tes orteils et de tes pieds aussi fermement que possible pendant quelques instants, puis relâche-les complètement. Sentez la tension s'évanouir et laisse tes muscles retrouver leur état naturel de détente.

Remonte progressivement le long de ton corps, en contractant et en relâchant chaque groupe musculaire. Contracte les muscles des mollets, puis relâche-les. Fais de même avec les muscles des cuisses, des fesses, de l'abdomen, de la poitrine, des épaules, des bras, des mains, du cou, du visage et du crâne. Prends le temps de bien ressentir la différence entre la contraction et le relâchement à chaque étape.

Pendant que tu te concentres sur chaque groupe musculaire, essaie de remarquer les sensations subtiles qui y sont associées. Sois attentif à toute tension, douleur ou inconfort que tu pourrais ressentir. Prends conscience de ces signaux corporels, mais sans jugement. Simplement observe-les et permets-leur de se dissiper au fur et à mesure que tu relâches les muscles.

Au fil de la pratique, tu développeras une plus grande sensibilité à ton corps et tu seras capable de détecter plus facilement les signes de tension musculaire. Cette prise de conscience te permettra d'intervenir plus tôt, avant que la tension ne s'accumule davantage. Tu apprendras à relâcher activement les muscles, favorisant ainsi une détente profonde.

La détente musculaire progressive offre une pause bienvenue à ton corps et à ton esprit. Elle t'invite à te reconnecter avec ton corps et à libérer les tensions accumulées. En relâchant les tensions musculaires, tu favorises également la relaxation mentale, créant un état de calme et de tranquillité globale.

N'hésite pas à pratiquer la détente musculaire progressive régulièrement, en l'intégrant dans ta routine quotidienne ou chaque fois que tu ressens le besoin de relâcher les tensions. Plus tu pratiques, plus cette technique devient une compétence naturelle, et tu seras en mesure de l'appliquer dans diverses situations de la vie quotidienne pour réduire le stress et retrouver un équilibre intérieur.

La détente musculaire progressive est une invitation à lâcher prise, à libérer les tensions physiques et mentales. Elle te permet de prendre le contrôle de ton corps et d'apporter une relaxation profonde. En pratiquant cette technique régulièrement, tu seras en mesure de cultiver un état de détente et d'équilibre qui contribuera à ton bien-être général.

La répétition de mantras

Les mantras sont des phrases ou des mots répétés pour aider à focaliser l'esprit et à favoriser la relaxation. Ils peuvent être aussi simples que "Je suis en paix" ou "Tout est bien". En répétant ces phrases, soit à voix haute, soit mentalement, tu peux créer un ancrage, une constante sur laquelle te concentrer lorsque ton esprit commence à s'agiter.

La répétition de mantras vise à focaliser l'esprit et à favoriser la relaxation. Les mantras sont des phrases ou des mots simples qui sont répétés de manière continue, que ce soit à voix haute ou mentalement. Ils servent d'ancrage, de constante sur laquelle tu peux te concentrer lorsque ton esprit devient agité.

Lorsque tu choisis un mantra, opte pour quelque chose de court et significatif pour toi. Des exemples de mantras simples sont "Je suis en paix" ou "Tout est bien". Trouve un endroit calme et installe-toi confortablement. Ferme les yeux et prends quelques respirations profondes pour te détendre.

Commence à répéter ton mantra, soit à voix haute, soit dans ton esprit. Laisse les mots se répéter naturellement, avec un rythme régulier. Focalise ton attention sur chaque mot du mantra, en ressentant sa signification profonde. Laisse les mots résonner en toi, créant un sentiment de calme et de tranquillité.

La répétition du mantra aide à apaiser l'agitation mentale. Lorsque ton esprit commence à divaguer ou à s'égarer, ramène doucement ton attention à ton mantra. Utilise-le comme un point focal, une constante qui t'aide à revenir à un état de présence et de relaxation.

La pratique régulière de la répétition de mantras peut renforcer ta capacité à te concentrer et à apaiser ton esprit. C'est une technique simple mais puissante qui te permet de créer un espace intérieur de calme et de sérénité, même dans les moments de turbulence mentale.

N'hésite pas à intégrer la répétition de mantras dans ta routine quotidienne, que ce soit lors de moments de méditation ou lorsque tu ressens le besoin de te recentrer. Cette pratique te permet de cultiver une présence consciente et de trouver un refuge intérieur lorsque ton esprit s'agite.

Les mantras sont un outil accessible et efficace pour aider à focaliser l'esprit et à favoriser la relaxation. En utilisant ces phrases simples et significatives, tu crées un ancrage qui te permet de trouver une constance et une paix intérieure lorsque tu en as besoin.

L'écoute active de la musique

La musique a le pouvoir de nous transporter, de nous élever, de nous apaiser. L'écoute active implique de s'immerger complètement dans la musique, d'écouter chaque note, chaque mélodie, chaque instrument. Que ce soit une symphonie douce ou le son apaisant de la pluie, en t'immergeant dans le son, tu peux trouver un refuge loin du chaos de la vie quotidienne.

L'écoute active de la musique est également une pratique qui nous permet de nous transporter, de nous élever et de nous apaiser. La musique possède un pouvoir unique pour influencer notre état d'esprit et nous offrir un refuge loin du chaos de la vie quotidienne. En nous immergeant complètement dans la musique, nous pouvons trouver un espace de paix et de tranquillité intérieure.

Pour commencer la pratique de l'écoute active de la musique, choisis une composition qui t'inspire une sensation de calme et de détente. Cela peut être une symphonie douce, une mélodie apaisante ou même le son de la pluie qui tombe. Installe-toi confortablement dans un endroit propice à la relaxation.

Ferme les yeux et concentre-toi pleinement sur les sons qui t'entourent. Prête une attention attentive à chaque note, chaque mélodie et chaque instrument. Laisse la musique pénétrer en toi, ressentant chaque nuance, chaque variation. Permets-toi d'être transporté par les émotions et les sentiments que la musique évoque en toi.

Pendant cette immersion musicale, laisse ton esprit se libérer du tumulte et des préoccupations quotidiennes. Permets à la musique de devenir ton refuge, ton havre de paix intérieur. Sois présent à chaque instant musical, en laissant les sons envelopper ton être.

L'écoute active de la musique te permet de te connecter profondément avec toi-même. Elle offre une expérience sensorielle riche qui nourrit ton esprit et ton âme. En te laissant emporter par la musique, tu peux ressentir une libération des tensions, un apaisement de l'anxiété et une harmonisation de tes émotions.

La musique a la capacité de transcender les mots et de toucher des parties profondes de notre être. Elle peut évoquer des souvenirs, susciter des émotions intenses et créer un lien avec notre essence. En pratiquant l'écoute active de la musique, tu te permets de t'immerger pleinement dans cette forme d'expression artistique et d'en ressentir les bienfaits profonds.

N'hésite pas à intégrer l'écoute active de la musique dans ta routine quotidienne ou à l'utiliser comme un outil de relaxation lorsque tu as besoin de te recentrer. Que ce soit pendant une courte pause ou pendant une séance de méditation, cette pratique t'offre un moyen puissant d'apaiser ton esprit, d'harmoniser tes émotions et de te connecter à un état de paix intérieure.

Souviens-toi que chaque note, chaque mélodie et chaque instrument est une invitation à te perdre dans la beauté de la musique. Permets-toi de t'évader dans cet univers sonore, de t'élever au-delà du stress et des agitations de la vie quotidienne. L'écoute active de la musique est un cadeau que tu peux te donner pour retrouver ton équilibre et nourrir ton bien-être global.

La relaxation profonde est plus qu'une simple évasion ; c'est un retour à soi. C'est une reconnaissance que, au-delà des tourbillons de la vie, il existe un centre calme, un sanctuaire intérieur de paix. Avec ces stratégies et techniques, tu as les outils pour accéder à ce sanctuaire à tout moment. Chacune d'elles est une invitation à la découverte, à l'exploration, à la transformation. En les adoptant dans ta vie quotidienne, tu pourras non seulement trouver la relaxation, mais aussi une compréhension plus profonde de toi-même.

Chapitre 4

Dire adieu aux pensées négatives

"La négativité distrait l'esprit de la vraie essence de la vie." - Amit Ray

Le pouvoir destructeur de la négativité

La négativité est comme une ombre tenace qui s'étend sur notre esprit, obscurcissant les rayons de bonheur et d'espoir qui tentent de percer. Chaque pensée négative est une goutte d'encre dans un verre d'eau claire, et avant que nous nous en rendions compte, notre vision de la vie devient assombrie, teintée de pessimisme et de doute.

Mais d'où provient cette négativité ? Pourquoi, même dans nos moments les plus joyeux, ces pensées sombres parviennent-elles à s'insinuer, érodant notre bonheur et notre confiance ? La vérité, c'est que la négativité n'est pas une entité extérieure qui nous attaque, mais une création de notre propre esprit. Elle est le

fruit de nos expériences passées, de nos peurs
non résolues, de nos regrets et de nos désirs in-
assouvis.

Dès notre plus jeune âge, nous sommes
exposés à la critique, au jugement et à la décep-
tion. Chaque échec, chaque rejet, chaque moment de tristesse s'inscrit dans notre psyché,
créant une empreinte qui, avec le temps, forme
un schéma. Ce schéma devient notre lentille à
travers laquelle nous voyons le monde. Au lieu
de voir des opportunités, nous voyons des obstacles. Au lieu d'espérer le meilleur, nous nous
attendons au pire.

Cette négativité, si elle est laissée sans sur-
veillance, peut devenir notre plus grand ennemi.
Elle nous pousse à douter de nous-mêmes, à saboter nos propres efforts, à repousser ceux qui
nous aiment. Elle crée un mur entre nous et le
monde, un mur qui, bien que construit pour
nous protéger, finit par nous isoler.

Il est important de comprendre que la négativité n'est pas intrinsèquement mauvaise. En
fait, elle peut parfois être un mécanisme de dé-
fense utile, nous alertant des dangers potentiels
ou nous rappelant de rester prudents. Le problème survient lorsque cette négativité devient
la norme plutôt que l'exception, lorsqu'elle

commence à teinter chaque pensée, chaque action, chaque décision.

L'impact de cette négativité persistante sur notre bien-être mental et émotionnel est immense. Elle crée un état constant de stress et d'anxiété, altère notre capacité à prendre des décisions éclairées et nous prive du bonheur et de la joie que la vie a à offrir. Elle nous fait voir le monde comme un endroit hostile, où chaque personne, chaque situation est une menace potentielle.

De plus, cette vision négative du monde se renforce souvent elle-même. Lorsque nous nous attendons à ce que les choses tournent mal, nous agissons souvent d'une manière qui garantit ce résultat. Par exemple, si nous croyons que nous sommes destinés à échouer dans une entreprise, nous pouvons inconsciemment saboter nos propres efforts, assurant ainsi l'échec que nous redoutions. De même, si nous pensons que personne ne peut nous aimer, nous pouvons repousser ceux qui essaient, créant ainsi la solitude que nous craignions.

Mais il est crucial de se rappeler que, tout comme la négativité est une création de notre esprit, elle peut aussi être déconstruite par lui. Chaque pensée, chaque croyance, chaque schéma est le résultat d'années de conditionnement et d'expérience, mais avec la prise de conscience, la détermination et les bons outils, ils peuvent être remis en question, réévalués et, finalement, transformés.

La première étape pour briser le pouvoir destructeur de la négativité est la reconnaissance. Il faut avoir le courage d'explorer les profondeurs de son propre esprit, d'identifier les racines de ces pensées négatives. Peut-être sont-elles le résultat d'expériences passées, de paroles blessantes d'un proche, ou simplement de peurs non fondées. Quelle qu'en soit la source, les reconnaître est le premier pas vers leur guérison.

Ensuite, il est essentiel de défier activement ces pensées. Chaque fois qu'une pensée négative surgit, pose-toi la question : "Est-ce vrai ?" "Est-ce la réalité objective, ou simplement ma perception ?" "Y a-t-il des preuves qui soutiennent cette pensée, ou est-elle basée sur des suppositions et des conjectures ?" En interrogeant ces pensées, en les mettant à l'épreuve, tu commences à briser leur emprise sur toi.

Enfin, nourris ton esprit de positivité. Entoure-toi de personnes qui te soutiennent, qui croient en toi. Lis des livres inspirants, écoute de la musique uplifting, passe du temps dans la nature. Chaque goutte de positivité que tu introduis dans ta vie déplace le balance, te rapprochant d'une vision plus saine et plus équilibrée de toi-même et du monde.

La négativité, bien que puissante, n'est pas invincible. Avec la prise de conscience, l'action et l'amour de soi, tu peux briser ses chaînes et te libérer de son emprise. Tu mérites le bonheur, la paix et l'amour, et avec le bon effort, tu peux les atteindre.

Le schéma d'élimination : étapes pour une vie positive

La vie est une série de choix. Chaque instant, chaque interaction, chaque pensée est une opportunité de choisir entre la positivité et la négativité. Mais comment faire ce choix quand la négativité semble avoir établi son emprise sur nous, obscurcissant notre vision et dictant nos réactions ? Heureusement, il existe un schéma, un chemin éprouvé, qui peut te guider hors de cette ombre et vers la lumière de la positivité. Voici ce schéma d'élimination, ta boussole pour une vie empreinte de joie, d'espoir et de sérénité.

1. Reconnaissance : La prise de conscience

La première étape est la reconnaissance. Tu dois identifier et accepter la présence de pensées négatives dans ton esprit. Ce n'est pas un signe de faiblesse, mais un acte de courage. Car c'est seulement en reconnaissant ces pensées que tu peux commencer à les combattre. Note-les, observe-les, mais ne les juge pas. Comprends qu'elles sont le produit de ton passé, mais ne définissent pas ton avenir.

2. Questionnement : L'art de la remise en question

Chaque pensée négative doit être mise à l'épreuve. Interroge-toi sur la véracité de ces affirmations que ton esprit te présente. "Est-ce vraiment vrai ?" "Est-ce une réalité absolue ou une simple perception biaisée ?" "Y a-t-il des preuves qui étayent cette croyance ?" Souvent, en scrutant ces pensées, tu découvriras qu'elles sont basées sur des hypothèses, des peurs et non sur des faits concrets.

3. Substitution : Remplacer le négatif par le positif

Une fois que tu as identifié et remis en question une pensée négative, le vide créé doit être rempli. Et quoi de mieux pour le remplir que par une pensée positive ? À chaque fois que tu élimines une croyance limitative, remplace-la par une affirmation positive. Par exemple, si tu te dis "Je ne suis pas assez bon", remplace-le par "Je suis capable et je mérite le meilleur".

4. Affirmation : La puissance de la parole

Les mots ont un pouvoir immense. Ils peuvent élever ou détruire, encourager ou décourager. C'est pourquoi il est essentiel d'utiliser ce pouvoir à ton avantage. Crée des affirmations qui résonnent avec toi, qui te rappellent ta valeur, ton potentiel, et répète-les chaque jour. Ces affirmations deviendront bientôt une seconde nature, éclipsant les anciens schémas de pensée négative.

5. Gratitude : Le remède universel

La gratitude est peut-être l'outil le plus puissant à ta disposition pour combattre la négativité. Chaque jour, prends un moment pour réfléchir à ce pour quoi tu es reconnaissant. Cela peut être quelque chose d'aussi simple qu'un sourire d'un étranger, ou aussi grand qu'un acte de gentillesse inattendu. En te concentrant sur le positif, tu commenceras à attirer plus de positivité dans ta vie.

6. Entourage : S'entourer de positivité

Tu es le reflet des cinq personnes avec lesquelles tu passes le plus de temps. Évalue ton cercle social et demande-toi s'ils t'élèvent ou te tirent vers le bas. Parfois, pour cultiver la positivité en soi, il peut être nécessaire de prendre des distances avec ceux qui propagent constamment la négativité.

7. Action : La positivité en mouvement

La positivité n'est pas seulement une pensée, c'est une action. Chaque jour, pose un acte qui reflète la vie positive que tu souhaites mener. Cela pourrait être aussi simple que de sourire à un étranger, ou d'entreprendre un projet sur lequel tu as toujours voulu travailler.

8. Réflexion : Le miroir de l'âme

Prends régulièrement un moment pour te refléter. Non pas dans un miroir physique, mais dans le miroir de ton esprit. Réfléchis à tes progrès, aux moments où tu as choisi la positivité face à l'adversité, aux occasions où tu as repoussé les ombres de la négativité. Cette introspection te permettra non seulement de mesurer tes progrès, mais aussi de renforcer ton engagement envers une vie positive.

9. Célébration : Honorer chaque victoire

Chaque pas que tu fais hors de la négativité et vers la lumière de la positivité est une victoire en soi. Et chaque victoire, aussi petite soit-elle, mérite d'être célébrée. Que ce soit en te félicitant intérieurement, en partageant tes réussites avec un proche, ou même en te faisant un petit cadeau, la célébration renforce ton parcours et te rappelle pourquoi tu as choisi ce chemin.

10. Apprendre : La négativité comme enseignante

Il est important de se rappeler que la négativité n'est pas toujours notre ennemie. Parfois, elle peut être notre plus grande enseignante. Au lieu de repousser ou d'éviter chaque pensée ou sentiment négatif, demande-toi : "Qu'est-ce que cela m'enseigne ?" "Quelle leçon puis-je tirer de cette expérience ?" En transformant la négativité en une opportunité d'apprentissage, tu lui ôtes son pouvoir de te blesser, tout en renforçant ta propre sagesse et ta résilience.

11. Engagement : La promesse d'une vie positive

La transformation d'une vie dominée par la négativité en une existence épanouissante de positivité nécessite un engagement profond et durable. C'est une promesse que tu te fais, une promesse de prendre soin de ton esprit, de le nourrir de pensées saines, de le protéger des ombres du doute et de la peur. En t'engageant fermement sur cette voie, tu envoies un message clair à l'univers : je choisis la positivité, je choisis la joie, je choisis la vie.

Le combat contre la négativité est un voyage, non une destination. Il y aura des hauts et des bas, des moments de clarté et des périodes de doute. Mais armé de ce schéma, de cette carte pour naviguer dans les eaux tumultueuses de l'esprit, tu es bien préparé pour affronter chaque défi, chaque tempête. Garde toujours à l'esprit que la positivité est un choix, un acte de courage et de force. Et chaque jour, avec chaque pensée, avec chaque action, tu as le pouvoir de faire ce choix, de façonner ton destin et de créer la vie lumineuse que tu mérites.

En suivant ce schéma d'élimination, pas à pas, tu te libéreras des chaînes de la négativité. Mais rappelle-toi que ce voyage nécessite de la patience, de la détermination et de la compassion envers toi-même. Il y aura des jours où la négativité te semblera écrasante, mais avec le temps, la détermination et le bon schéma en main, tu peux et tu vas transformer ta vie, éclairant chaque coin sombre avec la lumière éclatante de la positivité.

Chapitre 5

La carte intérieure : ton GPS vers le succès

"Ce que nous atteignons à l'intérieur changera la réalité extérieure." - Plutarque

Qu'est-ce que la carte intérieure et pourquoi est-elle importante ?

Imagine pour un instant que tu te tiens au bord d'une forêt dense, avec l'intention de traverser cette étendue sauvage pour atteindre une destination précieuse de l'autre côté. Il y a des sentiers qui serpentent, des obstacles imprévus, des zones d'ombre et de lumière. Sans une carte, sans un guide, comment saurais-tu quel chemin prendre ? Comment éviterais-tu les pièges, les culs-de-sac et les détours inutiles ?

Dans le voyage de la vie, cette forêt représente le labyrinthe complexe de nos expériences, de nos émotions, de nos désirs et de nos peurs. La destination est notre vision du succès, quel que soit ce que cela signifie pour nous. Et la carte ? C'est ta carte intérieure.

La carte intérieure, c'est cette boussole interne, ce guide inné qui nous aide à naviguer à travers les défis de la vie, à prendre des décisions alignées avec nos véritables désirs, et à trouver notre voie vers le bonheur et l'accomplissement. Elle est façonnée par nos expériences passées, nos croyances, nos valeurs et nos intuitions. Elle est unique pour chaque individu, un reflet de qui nous sommes et de ce que nous voulons devenir.

Mais pourquoi est-elle si cruciale ?

- **Clarification de la vision :** Ta carte intérieure t'aide à identifier ce qui compte vraiment pour toi. Dans un monde saturé d'informations, de distractions et de pressions extérieures, elle te rappelle ce qui est essentiel, ce qui mérite ton énergie et ton attention.
- **Décision éclairée :** Face à un carrefour de la vie, c'est ta carte intérieure qui te guide vers le chemin qui résonne le mieux avec ton être authentique. Elle élimine les doutes et les incertitudes, te permettant de prendre des décisions avec confiance et détermination.

- **Éviter les pièges :** La vie est pleine de tentations, de fausses promesses et d'illusions. En te connectant profondément à ta carte intérieure, tu peux reconnaître ces pièges pour ce qu'ils sont et les éviter, préservant ainsi ton énergie et ta paix intérieure.

- **Alignement avec le vrai soi :** Plus que tout, ta carte intérieure est une représentation de ton vrai soi. En la suivant, tu te mets en phase avec qui tu es vraiment, ce qui conduit à une vie plus authentique, plus significative et plus épanouissante.

Alors, comment découvres-tu cette carte intérieure ? Comment accèdes-tu à cette sagesse profondément enracinée ?

La réponse réside dans l'introspection, la réflexion et la connexion avec soi-même. C'est un voyage intérieur, une plongée profonde dans les eaux de ton âme pour découvrir les trésors cachés qui s'y trouvent. Il s'agit d'écouter attentivement, de poser les bonnes questions, et surtout, de faire confiance à cette voix intérieure qui, bien que souvent silencieuse, est toujours sage et bienveillante.

En fin de compte, ta carte intérieure est bien plus qu'un simple outil de navigation. C'est un rappel de ton potentiel illimité, une affirmation de ta valeur, et un testament de ta capacité à réaliser tes rêves les plus chers. En l'embrassant, en la chérissant, et en la suivant avec foi et détermination, tu te mets en route vers une vie non seulement de succès, mais aussi de profond accomplissement et de bonheur véritable.

La carte intérieure n'est pas seulement un concept abstrait ou une métaphore élégante pour notre intuition. C'est la symphonie silencieuse de nos expériences passées, de nos espoirs futurs, et de nos vérités présentes. Elle est à la fois ancrée dans notre réalité et tournée vers les potentialités infinies de ce que nous pourrions devenir. Chaque personne possède sa propre carte, unique et personnelle, qui évolue et se transforme à mesure que nous avançons dans le voyage de la vie.

En période de doute ou d'incertitude, il est facile de se tourner vers des sources extérieures pour obtenir des conseils ou des directives. Des amis bien intentionnés, des mentors, des livres, et même la société dans son ensemble, tous ont une opinion sur la façon dont nous devrions mener notre vie. Mais aussi précieux que soient ces conseils, ils ne peuvent jamais remplacer la sagesse innée et la connaissance profonde que recèle notre carte intérieure. Car, en fin de compte, personne d'autre que nous-mêmes ne connaît vraiment nos désirs les plus profonds, nos peurs les plus secrètes, et les rêves qui font battre notre cœur plus fort.

C'est cette connaissance de soi qui nous donne le pouvoir de transcender le tumulte extérieur, de rester centré même dans la tempête, et de trouver la paix même dans le chaos. C'est comme si, à chaque étape du chemin, peu importe à quel point le terrain est accidenté ou incertain, nous avons un guide fiable qui nous montre la voie.

Mais, comment peut-on vraiment se connecter à cette carte intérieure ? La clé est la silence. Dans le bourdonnement constant et le bruit incessant de notre monde moderne, il est essentiel de trouver des moments de silence pour se connecter à soi-même. Que ce soit à travers la méditation, la nature, l'écriture, ou simplement en s'asseyant en silence pendant quelques minutes chaque jour, ces moments de tranquillité permettent à notre esprit de se calmer et à notre carte intérieure de se manifester.

À mesure que tu te connectes à cette source intérieure de sagesse, tu découvriras que les réponses que tu cherches ont toujours été en toi. Tu commenceras à reconnaître les signaux, les signes et les intuitions qui t'orientent dans la direction de ton vrai soi. Et plus tu fais confiance à cette carte, plus ses indications deviennent claires et précises, guidant chaque pas avec assurance et confiance.

Mais il y a un autre aspect, souvent négligé, de cette carte intérieure : la joie. Car lorsque nous suivons cette boussole interne, nous ne trouvons pas seulement notre chemin dans le monde, nous découvrons également un profond sentiment de joie, de contentement et de satisfaction. C'est la joie de vivre en harmonie avec soi-même, la joie de réaliser que, malgré tous les défis et les obstacles, nous sommes exactement là où nous sommes censés être.

Ainsi, alors que tu continues ton voyage, rappelle-toi toujours de consulter cette précieuse carte intérieure. Elle ne te mènera pas seulement vers le succès, mais aussi vers une vie de sens, de but et de bonheur profond. Une vie où chaque moment est vécu avec intention, chaque choix est fait avec conscience, et chaque jour est accueilli avec gratitude et espoir.

Maîtriser ta carte pour guider ton esprit vers la réussite

Dans le vaste océan de l'existence, naviguer sans boussole ou sans carte serait une aventure risquée, voire téméraire. De même, dans le tumultueux voyage de la vie, sans ta carte intérieure, tu risques de te perdre dans les courants des influences extérieures, des distractions et des doutes. Toutefois, avoir une carte ne suffit pas ; il faut aussi savoir comment la lire, la comprendre et la maîtriser. C'est en maîtrisant ta carte intérieure que tu peux véritablement guider ton esprit vers la réussite.

La première étape de cette maîtrise est la **compréhension**. Chaque coin, chaque détour de ta carte intérieure est un reflet de toi-même. Ce sont les souvenirs de ton passé, les aspirations de ton avenir et les sentiments de ton présent. Plonge profondément dans ces territoires. Pose-toi des questions, cherche à comprendre pourquoi certains domaines de ta carte sont lumineux et clairs, tandis que d'autres sont ombragés ou flous. Ce sont peut-être des zones de ta vie que tu as acceptées ou des aspects de toi-même que tu as encore du mal à comprendre ou à accepter.

Ensuite vient l'**acceptation**. Il est crucial d'accepter ta carte dans son intégralité, avec ses

paysages sereins comme avec ses terrains accidentés. Cette acceptation ne signifie pas la résignation, mais plutôt la reconnaissance. C'est la
prise de conscience que chaque partie de ta
carte, qu'elle soit positive ou négative, a joué un
rôle dans la création de la personne que tu es
aujourd'hui. Et chaque partie a quelque chose à
t'enseigner.

Une fois que tu as compris et accepté ta
carte, l'étape suivante est la **transformation**.
C'est ici que le véritable travail commence. Car
maîtriser ta carte intérieure signifie aussi savoir
comment la modifier, la réajuster et la redéfinir.
Si tu découvres des terrains de négativité, de
peur ou de doute, demande-toi : "Comment
puis-je transformer cette zone en une terre de
positivité, de courage et de confiance ?" La
transformation nécessite du temps, de la patience et, surtout, de l'action délibérée.

La **connexion** est une autre étape essentielle. Tout comme une carte sans boussole perd
une partie de sa valeur, ta carte intérieure a besoin d'une connexion constante avec ton intuition, ton guide intérieur. Il s'agit d'écouter ces
chuchotements silencieux, ces sentiments viscéraux qui te guident, même lorsque le chemin
n'est pas clair. Ta boussole intérieure, alimentée
par ton intuition, te donnera la direction lorsque
ta carte semble incomplète ou incertaine.

Enfin, il est crucial de **célébrer** chaque découverte, chaque prise de conscience, chaque moment de clarté. La joie que tu ressens en découvrant et en maîtrisant ta carte intérieure est le carburant qui te propulse vers l'avant. C'est cette joie, ce sentiment d'accomplissement, qui transforme le voyage lui-même en une destination merveilleuse.

En maîtrisant ta carte intérieure, tu te dotes d'un outil puissant pour naviguer dans la vie. Tu apprends à affronter les tempêtes avec courage, à savourer les moments de calme avec gratitude, et à te diriger vers l'horizon de tes rêves avec une détermination inébranlable. Car, en fin de compte, la réussite n'est pas tant une destination qu'un voyage. Et avec ta carte intérieure comme guide fidèle, ce voyage est promis à une beauté, une profondeur et une signification sans limites.

Chapitre 6

Le pouvoir ancestral de la méditation

"La méditation apporte la sagesse ; le manque de méditation laisse l'ignorance." - Buddha

La méditation : un outil millénaire pour libérer l'esprit

Au cœur des montagnes himalayennes, dans les anciens temples bouddhistes, réside un secret ancestral qui a traversé les âges, touché des continents, et transformé des millions d'âmes. Ce secret n'est pas un objet mystique ni une formule magique, mais une pratique simple, profonde et puissante : la méditation.

La méditation, dans sa forme la plus pure, est l'art de l'attention, la science de la présence. Depuis des millénaires, elle sert d'ancre aux âmes qui cherchent la paix dans un monde chaotique, un sanctuaire pour ceux qui aspirent à la clarté dans une mer d'incertitudes. Mais comment une pratique si ancienne peut-elle toujours être si pertinente, voire vitale, pour nous dans le monde moderne trépidant d'aujourd'hui ?

Dès les premières civilisations, l'homme a cherché à comprendre la nature de son esprit, à percer le mystère de ses propres pensées. Dans cette quête de compréhension, nos ancêtres ont découvert que, tout comme l'eau reflète clairement le ciel lorsqu'elle est calme, l'esprit, lorsqu'il est apaisé, peut refléter la réalité avec une clarté étonnante. La méditation est née de cette réalisation : une technique pour calmer les vagues de l'esprit, pour atteindre un état de tranquillité intérieure.

À travers les époques, différentes cultures et traditions ont adopté et adapté la méditation selon leurs propres croyances et pratiques. Des moines bouddhistes aux yogis hindous, des soufis mystiques aux moines chrétiens, la méditation a trouvé une place centrale dans de nombreuses traditions spirituelles. Chaque tradition, bien que possédant sa propre technique et philosophie, partage un objectif commun : la libération de l'esprit des chaînes de la distraction, de la douleur et de l'illusion.

Dans notre monde moderne, où la technologie, le stress et les distractions constantes semblent régner en maîtres, la méditation est plus pertinente que jamais. Elle nous offre une évasion, un moment de répit, une opportunité de déconnecter pour mieux se reconnecter à soi-même. Dans le tumulte de la vie quotidienne, elle sert de phare, guidant l'âme vers un havre de paix.

La méditation n'est pas une évasion de la réalité, mais une immersion plus profonde en elle. C'est une invitation à être pleinement présent, à expérimenter chaque instant dans sa totalité. En méditant, tu ne cherches pas à vider ton esprit, comme beaucoup le pensent, mais plutôt à le remplir de conscience. C'est cette conscience, cette attention délibérée, qui libère l'esprit de ses chaînes.

Mais comment fonctionne réellement la méditation ? En son cœur, la méditation est un acte de focalisation. Que tu te concentres sur ta respiration, un mantra, une image ou même les sensations de ton corps, l'objectif est de ramener sans cesse ton attention à ton point de focalisation chaque fois qu'elle dérive. Au début, ton esprit peut sembler être un singe agité, bondissant d'une pensée à l'autre. Cependant, avec le temps et la pratique, tu trouveras que cet esprit agité commence à se calmer, à se stabiliser.

Et c'est dans ce calme que la magie opère. Lorsque l'esprit se tranquillise, tu commences à percevoir les choses différemment. Les problèmes insurmontables semblent soudainement gérables, les douleurs du passé perdent leur emprise sur toi, et les inquiétudes concernant l'avenir s'estompent dans la brume de l'ici et maintenant. Tu commences à te rendre compte que, au-delà des pensées tourbillonnantes et des émotions tumultueuses, il existe un espace de paix, de sérénité et de clarté. C'est l'espace de ta vraie nature, de ton essence la plus pure.

La méditation est également un puissant outil de guérison. Elle a été scientifiquement prouvée pour réduire le stress, améliorer la concentration, augmenter la résilience émotionnelle et même renforcer le système immunitaire. Mais plus que tout, elle offre une voie vers la liberté - la liberté des conditionnements du passé, des préoccupations du futur et des turbulences du présent.

Dans ce voyage pour "arrêter de trop penser", la méditation est ton alliée la plus fidèle. Elle t'offre une méthode éprouvée, un chemin millénaire pour calmer les tempêtes de l'esprit. En te connectant à cette pratique ancienne, tu te connectes à la sagesse des âges, à une tradition qui a aidé d'innombrables âmes à trouver la paix, la clarté et la libération.

Alors, cher lecteur, alors que tu te tiens à l'aube de cette exploration profonde de ton esprit, souviens-toi que la méditation n'est pas une destination, mais un voyage. Un voyage vers le cœur de ton être, vers la paix intérieure et, finalement, vers la liberté.

Chaque fois que tu t'assieds pour méditer, c'est comme si tu entrais dans un sanctuaire sacré, un lieu où le temps et l'espace semblent se dissoudre, où le bruit extérieur s'estompe et où la seule chose qui compte est le rythme silencieux de ton souffle et le doux murmure de ton cœur. C'est une retraite intérieure, loin des exigences et des distractions du monde extérieur. Un moment de communion profonde avec toi-même.

Il est crucial de se rappeler que la méditation n'est pas un exercice de perfection. Il est naturel que l'esprit vagabonde, que les pensées émergent et se dissipent. L'objectif n'est pas de supprimer ces pensées, mais de les observer sans jugement, sans réaction. Imagine que tu es assis au bord d'une rivière, et que chaque pensée est comme une feuille qui flotte sur l'eau. Tu observes simplement la feuille passer devant toi, sans chercher à la retenir ou à la repousser. Avec le temps, tu te rends compte que ces feuilles, ces pensées, n'ont de pouvoir sur toi que si tu leur en donnes.

Mais pourquoi la méditation est-elle si efficace pour nous aider à arrêter de trop penser ? L'une des raisons est qu'elle nous apprend à être des témoins de notre propre esprit. Plutôt que de se laisser emporter par le tourbillon de nos pensées, nous apprenons à prendre du recul, à observer. Et c'est dans cet espace d'observation que nous trouvons la liberté. Car en devenant des témoins, nous réalisons que nous ne sommes pas nos pensées, ni nos émotions. Nous sommes quelque chose de bien plus grand, de bien plus profond.

La méditation nous connecte également à une source d'énergie et de sagesse plus profonde. En apaisant l'esprit et en centrant notre attention, nous devenons plus réceptifs à cette source, que certains appellent intuition, guidance intérieure ou même voix de l'âme. Cette connexion nous offre des perspectives nouvelles, des idées fraîches et des solutions créatives que nous n'aurions peut-être jamais envisagées autrement.

C'est aussi un rappel puissant de l'impermanence de la vie. Comme les pensées qui viennent et vont pendant la méditation, tout dans la vie est en constante évolution. Les joies, les peines, les succès, les échecs - tout est éphémère. Et en se rappelant cela, nous apprenons à ne pas nous accrocher trop fermement à nos pensées ou à nos expériences. Nous apprenons à accueillir chaque moment avec une ouverture d'esprit, une curiosité et une gratitude renouvelées.

Cher lecteur, si tu n'as jamais médité auparavant, sache qu'il n'y a pas de moment parfait pour commencer. Chaque moment est l'occasion parfaite. Que tu choisisses de méditer pendant cinq minutes ou une heure, l'important est de commencer. Avec le temps, tu découvriras que ces moments de calme, ces voyages intérieurs, deviennent des piliers de ta journée, des sources inestimables de paix, de clarté et de joie.

Dans ce monde en constante évolution, où tout semble si incertain, la méditation est la constante sur laquelle tu peux toujours compter. C'est ton refuge, ton sanctuaire, ton guide. Et à travers elle, tu découvriras non seulement comment arrêter de trop penser, mais aussi comment vivre avec plus de présence, de passion et de but. Alors, embarque dans ce voyage millénaire, et découvre la profondeur, la beauté et la magie qui résident en toi.

Exercices pratiques pour débuter et perfectionner la méditation

La méditation, tout comme l'apprentissage d'un instrument de musique ou d'une nouvelle langue, est une compétence qui se développe avec la pratique régulière. Il est tout à fait naturel de se sentir un peu perdu ou déconcerté lorsque l'on débute. Toutefois, avec de la patience, de la persévérance et une orientation appropriée, tu découvriras que la méditation devient non seulement plus facile, mais aussi infiniment plus enrichissante.

Découvre ces exercices pratiques, conçus pour te guider pas à pas, que tu sois débutant ou que tu cherches à approfondir ta pratique actuelle.

1. La méditation de la respiration :

La respiration est le fil conducteur qui relie le corps et l'esprit. C'est un outil puissant pour centrer et ancrer ton attention.

Comment faire ?

- Assieds-toi confortablement, de préférence sur une chaise ou un coussin. Ferme les yeux et prends quelques instants pour te détendre. Dirige ton attention vers ta respiration, en observant le souffle entrer et sortir de tes narines. Tu peux également porter ton attention sur le mouvement de ta poitrine ou de ton abdomen. Lorsque ton esprit s'égare, ramène-le doucement à ta respiration.

2. Méditation de la pleine conscience :

La pleine conscience est l'art d'être complètement présent, ici et maintenant.

Comment faire ?

* Assieds-toi calmement et commence par quelques respirations profondes. Ensuite, élargis ton champ de conscience pour inclure les sons autour de toi, les sensations de ton corps, les pensées qui traversent ton esprit. Au lieu de te juger ou de te critiquer pour te laisser distraire, accueille chaque expérience avec une curiosité bienveillante.

3. Méditation guidée :

Parfaite pour les débutants, elle utilise généralement la voix d'un instructeur pour te guider à travers une visualisation ou un voyage intérieur.

Comment faire ?

* Il existe de nombreux enregistrements de méditations guidées disponibles. Tout ce que tu as à faire est de te mettre à l'aise, d'écouter et de te laisser guider.

4. Méditation de la gratitude :

Cultiver un sentiment de gratitude peut avoir des effets profonds sur ton bien-être émotionnel et physique.

Comment faire ?

- Commence par te concentrer sur ta respiration pendant quelques minutes. Ensuite, pense à trois choses pour lesquelles tu es profondément reconnaissant. Ressens profondément cette gratitude dans ton cœur, la laissant se propager dans tout ton être.

5. Méditation de la métta ou amour bienveillant :

Cette pratique vise à cultiver un sentiment d'amour et de compassion envers soi-même et les autres.

Comment faire ?

- Après t'être centré sur ta respiration, commence par t'envoyer des souhaits de bonheur, de santé et de paix à toi-même. Visualise ensuite quelqu'un que tu aimes et envoie-lui ces mêmes souhaits. Continue en visualisant quelqu'un envers qui tu es neutre, puis quelqu'un avec qui tu es en conflit. Enfin, étends ces souhaits à tous les êtres vivants.

6. Méditation de la marche :

Contrairement à la croyance populaire, la méditation ne se limite pas à l'immobilité. La méditation de la marche est une façon dynamique de pratiquer la pleine conscience.

Comment faire ?

• Trouve un espace tranquille, comme un parc ou un jardin. Commence à marcher lentement, mettant l'accent sur chaque étape. Sens la levée de ton pied, le mouvement de ton pied dans l'air et finalement le contact de ton pied avec le sol. Associe ta marche à ta respiration. Par exemple, fais trois pas pendant que tu inspires et trois pas pendant que tu expires. Si ton esprit s'égare, ramène doucement ton attention à tes pas et à ta respiration.

7. Méditation du scan corporel :

Cette forme de méditation t'invite à porter une attention particulière à différentes parties de ton corps, souvent en commençant par les orteils et en remontant jusqu'au sommet de la tête.

Comment faire ?

• Allonge-toi confortablement sur le dos. Ferme les yeux et prends quelques respirations profondes. Concentre-toi ensuite sur chaque partie de ton corps, une à la fois, en notant les sensations, qu'elles soient de chaleur, de tension, de picotement ou autre. Si tu remarques des zones de tension, imagine-les se relâcher et se détendre à chaque expiration.

8. Méditation du mantra :

Un mantra est un son, un mot ou une phrase qui est répété pendant la méditation pour aider à concentrer l'esprit.

Comment faire ?

- Assieds-toi dans une position confortable. Ferme les yeux et commence à répéter ton mantra, soit à voix haute, soit mentalement. Cela pourrait être aussi simple que le mot "Paix", "Amour" ou n'importe quel autre mot ou phrase qui a une signification particulière pour toi. Si ton esprit commence à divaguer, ramène doucement ton attention sur la répétition de ton mantra.

9. Méditation de la visualisation :

La puissance de l'imagination est mise à profit dans cette forme de méditation, où tu es guidé à visualiser des scènes ou des expériences apaisantes.

Comment faire ?

- Trouve un endroit calme pour t'asseoir ou t'allonger. Ferme les yeux et imagine un lieu où tu te sens complètement en paix. Cela pourrait être une plage, une forêt, un sommet de montagne, ou tout autre lieu qui te parle. Immerge-toi complètement dans cette scène, en notant les sons, les odeurs et les sensations.

Le monde de la méditation est vaste et riche, et il existe autant de façons de méditer qu'il y a d'individus. Il est essentiel de trouver la méthode qui te convient le mieux, celle qui te permet de te connecter profondément avec toi-même. N'oublie pas que la clé est la constance. Même si tu ne médites que quelques minutes par jour, ces moments peuvent devenir des îlots de paix et de clarté dans le tumulte de ta vie quotidienne. Avec la pratique, tu découvriras que la méditation n'est pas seulement une activité que tu fais, mais une manière d'être, un chemin vers une vie plus consciente, présente et épanouie.

Sa beauté réside dans sa simplicité et sa flexibilité. Tu n'as pas besoin d'un endroit spécial, d'équipements coûteux ou de beaucoup de temps. Tout ce dont tu as besoin, c'est de toi-même et de quelques moments de tranquillité.

Alors, que tu sois assis dans un parc paisible, dans ton salon ou même dans un coin tranquille de ton bureau, sache que la porte vers la paix intérieure, la clarté et la connexion est toujours ouverte, attendant que tu y entres.

Chapitre 7

Vivre le moment présent : la clé de la sérénité

"Le passé est derrière, apprends-en. Le futur est devant, prépare-le. Le présent est ici, vis-le."
- Thomas S. Monson

Pourquoi le présent est-il le moment le plus précieux ?

As-tu déjà remarqué comment nos esprits ont cette tendance inébranlable à vagabonder vers des moments qui n'existent plus, ou à anticiper ceux qui ne sont pas encore arrivés ? Nous sommes souvent emprisonnés par les chaînes invisibles du passé ou du futur. Pourtant, si tu t'arrêtes un instant, si tu inspires profondément et écoutes, tu te rendras compte que le seul moment qui existe vraiment, le seul moment qui compte véritablement, est le présent.

Le passé, cette ombre lointaine

Le passé est un territoire peuplé de souvenirs, de regrets, de joies, de tristesses. Il est constitué d'expériences qui ont façonné qui tu es aujourd'hui. Pourtant, aussi précieux qu'il soit, le passé est un territoire que nous ne pouvons revisiter. Chaque fois que nous nous y attardons, nous ne faisons qu'effleurer des ombres, des échos d'instants qui ne reviendront jamais. En te cramponnant à ces ombres, tu risques de te priver de la lumière éclatante du moment présent.

Le futur, ce mirage incertain

D'un autre côté, il y a le futur, ce territoire inexploré, rempli de rêves, d'espoirs, mais aussi d'inquiétudes et de peurs. Bien qu'il soit naturel de planifier et d'espérer, s'accrocher trop fermement à des visions futures peut nous rendre anxieux et nous priver de la beauté et des possibilités du moment présent.

Alors, pourquoi le présent est-il si précieux ?

1. Le présent est tangible

Contrairement au passé et au futur, qui sont des constructions de l'esprit, le moment présent est quelque chose que tu peux toucher, sentir, vivre. C'est le souffle que tu prends, la brise sur ta peau, la chaleur du soleil sur ton visage, le rire d'un être cher. C'est la seule réalité tangible.

2. Le présent est l'endroit où la vie se déroule

Toutes les expériences, toutes les émotions, toutes les connexions réelles avec les autres se produisent dans le moment présent. C'est dans le "maintenant" que tu trouves la possibilité d'aimer, de grandir, de découvrir, de ressentir.

3. Le présent est le seul endroit où tu as du pouvoir

Tu ne peux pas changer le passé, peu importe combien de fois tu revisites ces souvenirs. Tu ne peux pas contrôler le futur, malgré tous tes plans et préparations. Mais dans le présent, tu as le pouvoir de décider, d'agir, de façonner la trajectoire de ton voyage.

4. Se concentrer sur le présent réduit l'anxiété et le stress

Lorsque tu te concentres sur le moment présent, tu réduis le bruit de toutes ces pensées anxieuses concernant le passé ou le futur. Tu crées un espace de sérénité, un sanctuaire mental où tu peux trouver la paix.

Cher lecteur, vivre dans le moment présent est comme embrasser la vie avec une intention renouvelée. C'est voir le monde avec des yeux d'enfant, où chaque instant est une découverte, une aventure. C'est déguster la vie comme un mets délicieux, s'attardant sur chaque saveur, chaque sensation.

Mais comment fait-on pour vivre véritablement dans le moment présent, surtout dans un monde qui nous pousse constamment à regarder en arrière ou à anticiper l'avenir ?

La première étape est la prise de conscience. Remarque quand ton esprit s'égare vers le passé ou le futur. Sans jugement, ramène doucement ton attention au moment présent. Cela peut être aussi simple que de se concentrer sur ta respiration, de sentir l'air entrer et sortir de tes poumons, ou de prêter attention aux sensations de ton corps.

La deuxième étape est la gratitude. En cultivant un sentiment de gratitude pour le moment présent, tu ancres ton esprit dans le "maintenant". Chaque jour, prends un moment pour énumérer trois choses pour lesquelles tu es reconnaissant, trois choses qui se sont produites ce jour-là.

La troisième étape est de s'engager pleinement dans chaque action. Que tu sois en train de manger, de marcher, de parler à quelqu'un, fais-le avec toute ton attention. Sois pleinement présent dans tout ce que tu fais.

Le moment présent est un cadeau, c'est pourquoi on l'appelle le "présent". C'est une invitation à vivre, à aimer, à être. Alors, la prochaine fois que tu te sentiras submergé par le poids du passé ou l'incertitude du futur, rappelle-toi que tu as le pouvoir de choisir où tu places ton attention. Et en choisissant de vivre dans le moment présent, tu choisis la sérénité, la joie et l'amour véritable.

La quête pour arrêter de trop penser est intrinsèquement liée à notre capacité à embrasser le moment présent. Le fait même de "trop penser" est souvent une manifestation de notre esprit qui erre entre le passé et le futur, déchiré entre les regrets et les anticipations. Mais en nous ancrant fermement dans le "maintenant", nous découvrons une stratégie puissante pour apaiser cet esprit agité.

Imagine que tu tiens entre tes mains un livre, ce livre que nous sommes en train de co-créer. Chaque page que tu tournes est un moment du passé, chaque page à venir est une promesse du futur, mais la page sur laquelle repose actuellement ton doigt, celle que tu es en train de lire, est le moment présent. Elle est ta réalité immédiate, l'endroit où la magie opère.

Si tu laisses ton esprit se perdre dans les pages précédentes, tu te retrouves à revivre des moments qui ne peuvent être modifiés. Si tu te précipites pour savoir ce qui se cache dans les pages à venir, tu te prives de la beauté et de la richesse de la page actuelle. C'est un peu comme si, en lisant un roman captivant, tu passais ton temps à regretter les chapitres précédents ou à anticiper la fin, tu raterais tout le suspense, toute l'émotion, tout le voyage que l'auteur a soigneusement tissé pour toi.

Et c'est là que le parallèle avec notre quête devient évident. Pour "arrêter de trop penser", il faut apprendre à lire la page du moment présent avec attention et dévotion, à s'immerger dans chaque mot, chaque phrase, chaque sentiment qu'elle évoque. C'est dans cette immersion totale que tu découvriras la sérénité et l'équilibre.

Ecrire ce livre, c'est comme te guider à travers une forêt dense d'émotions, de pensées et de comportements. Si tu te concentres trop sur les arbres que tu as déjà passés ou sur ceux qui sont encore loin devant toi, tu risques de trébucher sur une racine juste devant tes pieds. Mais en portant ton attention sur chaque pas, chaque respiration, chaque sensation, tu te déplaces avec grâce et confiance à travers cette forêt, savourant la beauté et la majesté de chaque instant.

En fin de compte, ce n'est pas tant le fait de "ne pas penser" qui est le remède, mais plutôt de penser avec intention. C'est en reconnaissant la valeur inestimable du moment présent que tu peux vraiment commencer à filtrer le bruit de fond, à distinguer ce qui mérite ton attention de ce qui ne le mérite pas. En faisant cela, tu ne te libères pas seulement de la tyrannie de la surpensée, mais tu découvres aussi une source infinie de joie, de paix et de clarté intérieure.

Alors, à chaque fois que tu sens ton esprit s'égarer dans les méandres du passé ou les incertitudes du futur, reviens à ce livre, à cette page, à ce moment. Rappelle-toi que chaque instant est un trésor, une invitation à vivre pleinement, passionnément, sincèrement. Et c'est en faisant cela que tu trouveras la clé pour arrêter de trop penser et commencer à vivre vraiment.

Techniques pour se recentrer et vivre pleinement chaque instant

Vivre dans l'instant présent, savourer chaque seconde qui s'écoule, peut sembler une tâche ardue dans notre monde en perpétuel mouvement. Les distractions sont omniprésentes, et nos esprits sont souvent sollicités par mille et une choses. Mais, comme pour tout, avec la bonne technique et la pratique, il est possible de se recentrer, de se reconnecter à l'ici et maintenant. Voici des méthodes pour vous guider dans cette quête d'ancrage.

1. La respiration consciente :

La respiration est l'ancrage le plus fondamental à notre existence. Elle est le rythme constant qui accompagne chaque instant de notre vie, de notre première inspiration à notre dernier souffle. En portant attention à votre respiration, vous pouvez instantanément vous ancrer dans le présent. Prenez un moment pour fermer les yeux, inspirez profondément par le nez, retenez votre souffle quelques secondes, puis expirez lentement par la bouche. Répétez ce cycle plusieurs fois, en laissant chaque inquiétude et chaque pensée s'évaporer avec chaque expiration.

2. L'immersion totale :

Peu importe ce que vous faites, faites-le à 100%. Si vous mangez, savourez chaque bouchée. Si vous marchez, sentez chaque pas sur le sol. Si vous écoutez de la musique, laissez chaque note vibrer en vous. Cette technique demande de la pratique, car elle va à l'encontre de notre tendance naturelle à la multi-tâche. Mais avec le temps, vous découvrirez que cette immersion totale enrichit chaque expérience et renforce votre lien avec l'instant présent.

3. La désintoxication numérique :

Nos appareils numériques, bien qu'utiles, sont souvent une source majeure de distraction. Prendre régulièrement des pauses loin de ces écrans peut aider à réduire le bruit mental et à améliorer la concentration. Essayez, ne serait-ce qu'une heure par jour, de mettre de côté votre téléphone, votre ordinateur ou votre tablette. Vous serez surpris de la quantité d'espace mental que cela libère.

4. La pratique de la gratitude :

Prendre un moment chaque jour pour réfléchir à ce pour quoi vous êtes reconnaissant peut radicalement changer votre perspective. Cela vous ramène à l'instant présent, vous faisant réaliser la beauté et la richesse de chaque moment. Que ce soit le sourire d'un proche, la chaleur du soleil sur votre peau, ou le simple fait

de respirer, chaque jour regorge de petits miracles.

5. La méditation de la pleine conscience :

Cette pratique consiste à porter une attention bienveillante à chaque instant, sans jugement ni distraction. C'est un moyen puissant de
se reconnecter à l'instant présent et de développer une relation plus profonde avec soi-même.
Même quelques minutes par jour peuvent avoir
un impact profond sur votre bien-être mental et
émotionnel.

6. L'art de la journalisation :

Écrire vos pensées, vos sentiments et vos
expériences peut être une manière thérapeu-
tique de vous connecter à l'instant présent. Cela
vous permet de prendre du recul, de réfléchir et
d'apprécier les moments que vous vivez. Ce
n'est pas tant ce que vous écrivez qui compte,
mais l'acte même d'écrire, de transcrire l'instant
sur le papier.

7. La pratique de l'émerveillement :

Rappelez-vous de la curiosité insatiable de
l'enfance, où chaque moment était une découverte. Essayez de retrouver cette sensation, cet
émerveillement face au monde qui vous entoure. Cela peut être aussi simple que d'observer
les nuages dans le ciel, d'écouter le chant des

oiseaux, ou de sentir la texture d'un objet dans votre main.

8. La nature comme ancre :

La nature a cette capacité unique de nous ramener à l'instant présent. Que ce soit en marchant dans un parc, en écoutant le bruit de l'eau ou en observant les étoiles, la nature nous rappelle la beauté et la majesté de l'instant.

Ces techniques sont autant d'invitations à revenir à l'instant présent, à se reconnecter à l'essence même de la vie. Chaque moment est précieux, unique, irremplaçable. En cultivant une relation profonde avec le présent, non seulement vous enrichissez chaque instant, mais vous trouvez également le chemin vers une paix et une sérénité durables.

Il est facile de se perdre dans le tumulte de la vie, d'être emporté par le tourbillon des pensées, des inquiétudes et des distractions. Mais avec ces techniques, vous avez les outils pour revenir à ce qui compte vraiment, à ce qui est réel. Car, après tout, qu'est-ce que la vie, sinon une succession d'instants présents à savourer pleinement ?

Si l'ancrage dans le moment présent est un art, il requiert aussi une profonde compréhension de soi. Il ne s'agit pas seulement d'appliquer des techniques, mais d'embrasser une nouvelle perspective sur la vie, une perspective qui valorise l'instantanéité et la beauté éphémère de chaque moment.

9. L'importance de l'écoute :

Il est si facile, dans nos conversations quotidiennes, de penser à ce que nous allons dire ensuite, de préparer mentalement notre réponse pendant que l'autre personne parle. Mais l'art d'écouter, véritablement écouter, est une voie directe vers le moment présent. Cela signifie absorber chaque mot, chaque émotion, chaque nuance de la voix de l'autre. C'est une forme de respect, une affirmation silencieuse que ce moment, cette conversation, est précieux.

10. La beauté des routines :

Nos routines quotidiennes peuvent parfois sembler monotones, mais elles regorgent en réalité d'opportunités pour se recentrer. Que ce soit en buvant votre café du matin, en vous brossant les dents ou en faisant votre lit, chaque action peut devenir une forme de méditation. En effectuant chaque tâche avec intention et présence, vous transformez les actions les plus banales en rituels sacrés.

11. La créativité comme portail vers le présent :

Peindre, dessiner, écrire, danser, jouer d'un instrument... Peu importe la forme que prend votre expression créative, elle a le pouvoir de vous plonger dans un état de "flux", où le temps semble s'arrêter. Dans ces moments, vous n'êtes ni dans le passé, ni dans le futur ; vous êtes entièrement absorbé par le processus créatif, vivant chaque seconde de création.

12. La découverte de soi :

Chaque instant que vous vivez est une occasion d'en apprendre davantage sur vous-même. Vos réactions, vos émotions, vos pensées – elles sont toutes des fenêtres ouvertes sur votre âme. En cultivant une curiosité bienveillante envers vous-même, vous vous ancrez dans l'instant présent et approfondissez votre compréhension de votre propre être.

13. La magie de la simplicité :

Dans notre quête incessante de plus – plus de biens, plus d'expériences, plus de connaissances – nous oublions parfois la beauté de la simplicité. Prendre un moment pour apprécier les choses simples, comme le doux parfum d'une fleur ou la chaleur d'un rayon de soleil, peut avoir un effet profondément apaisant et nous rappeler l'importance du moment présent.

14. L'acceptation :

Accepter le moment tel qu'il est, sans vouloir le changer, est l'une des clés pour vivre pleinement chaque instant. Cela ne signifie pas la résignation, mais plutôt une reconnaissance que ce moment, avec toutes ses imperfections, est parfait en soi.

Vivre pleinement chaque instant n'est pas une destination, mais un voyage. C'est une quête constante, une danse entre l'acceptation et l'effort, entre le lâcher-prise et l'intention. Chaque technique, chaque perspective, est une étape sur cette voie vers une vie plus présente, plus riche, plus épanouissante.

Tout comme un musicien s'exerce chaque jour pour maîtriser son art, vous aussi, en pratiquant ces techniques, vous pouvez affiner votre capacité à vivre dans le moment présent. Et à mesure que vous avancez sur ce chemin, vous découvrirez une vérité fondamentale : le moment présent n'est pas seulement une pause entre le passé et le futur. C'est là que réside la véritable essence de la vie, c'est là que bat le cœur de notre existence.

Conclusion

Prendre le contrôle de sa vie

"Prends le contrôle de ton destin. Crois en toi. Ignore ceux qui te méprisent. Et prouve-leur qu'ils ont tort." - A.P.J. Abdul Kalam

Les étapes pour retrouver la maîtrise de son esprit

Te voilà arrivé au bout de ce voyage, un périple au cœur de toi-même, au sein des méandres de ton esprit. Mais avant de tourner la dernière page de ce guide, rappelle-toi que chaque fin signifie également un nouveau commencement. Si tu as ouvert ce livre, c'est que tu as ressenti un besoin, une urgence de changer, de libérer ton esprit de l'emprise paralysante des pensées excessives. Ce guide a été conçu comme une carte, une boussole pour t'aider à naviguer dans les eaux tumultueuses de ton esprit, à reconnaître les courants dangereux et à trouver un chemin vers des eaux plus calmes.

Mais comme tout voyage, la destination n'est pas la seule chose importante. Chaque étape, chaque découverte, chaque prise de conscience que tu as eue en lisant ces pages, tout cela fait partie intégrante de ton évolution. Il est essentiel de comprendre que ce livre n'est pas une fin en soi, mais plutôt un tremplin, un point de départ pour un voyage encore plus profond, celui de la maîtrise de soi.

La vie est une succession de choix, de décisions, de moments qui nous façonnent. Et dans cette mosaïque d'instants, il est crucial de savoir quand prendre du recul, quand se recentrer, quand laisser notre esprit s'évader et quand le rappeler à l'ordre. Il est temps de reprendre le contrôle, de ne plus être un simple spectateur de ta propre vie, mais d'en devenir l'acteur principal.

Les étapes pour retrouver la maîtrise de son esprit

1. Reconnaissance : Avant de pouvoir guider ton esprit, il te faut d'abord le reconnaître pour ce qu'il est, avec ses forces et ses faiblesses. C'est le premier pas vers la liberté. Accepter que, oui, ton esprit a tendance à s'évader, à se perdre dans des pensées superflues, mais qu'il possède également une incroyable capacité de concentration, de créativité et d'introspection.

2. Réflexion : Prends le temps de te poser, de réfléchir à tes habitudes de pensée. Quels sont les déclencheurs qui te font basculer dans la spirale de la surpensée ? Est-ce le stress, la peur, l'ennui ? En identifiant ces déclencheurs, tu pourras mettre en place des stratégies pour les éviter ou les gérer.

3. Établir des limites : Tout comme tu peux décider de limiter ton temps devant un écran ou de fixer des limites dans une relation, tu peux et tu dois établir des limites pour ton esprit. Cela pourrait se traduire par des moments de déconnexion, des pauses où tu laisses ton esprit vagabonder librement, sans le contraindre.

4. Cultiver la pleine conscience : L'art de la pleine conscience, c'est l'art d'être pleinement présent à chaque instant. Cela signifie être vraiment là lorsque tu manges, lorsque tu écoutes de la musique, lorsque tu es en compagnie de proches. C'est une technique puissante pour ramener ton esprit à l'ici et maintenant.

5. Pratiquer la gratitude : En te concentrant sur ce que tu as, plutôt que sur ce qui te manque, tu cultives une perspective positive, tu ramènes ton esprit à l'essentiel, à ce qui compte vraiment.

6. Engager le corps : L'esprit et le corps sont intrinsèquement liés. Lorsque l'un est agité, l'autre le ressent. Des activités comme le yoga, la méditation ou même une simple marche peuvent aider à apaiser ton esprit.

7. Chercher du soutien : Parfois, le simple fait de parler à quelqu'un, que ce soit un ami, un membre de la famille ou un professionnel, peut aider à mettre de l'ordre dans tes pensées. Ne sous-estime jamais la puissance d'une écoute bienveillante.

8. Créer un environnement propice : Ton environnement joue un rôle crucial dans ton état d'esprit. Un espace épuré, rangé, agréable, peut favoriser la clarté mentale.

9. Éviter la sur-stimulation : Dans notre monde moderne, nous sommes constamment bombardés d'informations. Il est vital de prendre régulièrement du recul, de déconnecter, pour permettre à ton esprit de se régénérer.

10. Célébrer les petites victoires : Chaque fois que tu réussis à ramener ton esprit, chaque fois que tu choisis la présence plutôt que la distraction, c'est une victoire. Et ces petites victoires, cumulées, te mèneront vers la maîtrise de ton esprit.

Se rappeler que la maîtrise de son esprit est un voyage, non une destination, est essentiel. Il y aura des jours où tout semblera facile, et d'autres où la lutte sera réelle. Mais n'oublie jamais que tu as le pouvoir de choisir, à chaque instant, la direction dans laquelle tu souhaites emmener ton esprit.

La maîtrise de son esprit est souvent comparée à la navigation d'un navire sur des eaux agitées. Parfois, les vagues semblent incontrôlables, menaçant de submerger le navire. D'autres fois, la mer est calme, reflétant la sérénité du ciel. Mais en toutes circonstances, le capitaine - c'est-à-dire toi - doit rester aux commandes, guidant son navire avec détermination et clairvoyance.

La première chose à comprendre est que ton esprit, comme la mer, est en perpétuel mouvement. Il n'y a pas de bouton "arrêt" ou "pause". Même lorsque tu dors, ton esprit continue de travailler, de rêver, de traiter les événements de la journée. Accepter cette nature changeante et dynamique de ton esprit est la première étape pour vivre en harmonie avec lui.

Cela dit, bien que tu ne puisses pas arrêter les vagues, tu peux apprendre à surfer sur elles. Plutôt que de lutter contre les remous de ton esprit, pourquoi ne pas apprendre à les utiliser à ton avantage ? Les pensées, les émotions, les souvenirs, les rêves... tous ces éléments qui composent ton esprit peuvent être des alliés précieux si tu apprends à les accueillir avec bienveillance.

Ainsi, plutôt que de repousser une pensée négative ou de te juger pour avoir tel ou tel sentiment, accueille-le. Demande-toi : "Qu'est-ce que cette pensée, cette émotion, veut me dire ? Quelle leçon puis-je en tirer ?" En adoptant cette attitude d'ouverture et de curiosité, tu transformes chaque pensée, chaque émotion, en une opportunité d'apprentissage et de croissance.

En outre, rappelle-toi que tu n'es pas seul dans cette quête. Chaque personne que tu rencontres, chaque livre que tu lis, chaque expérience que tu vis, est une source potentielle d'inspiration et de soutien. Apprends à t'entourer de personnes bienveillantes, celles qui te soutiennent dans ta quête de maîtrise de l'esprit. Évite les influences négatives, celles qui te tirent vers le bas ou alimentent tes peurs et tes doutes.

L'apprentissage est également un puissant allié. Plus tu en sais sur toi-même, sur le fonctionnement de ton esprit, plus tu seras en mesure de le guider. Cela peut signifier lire des livres, assister à des conférences, suivre des formations, ou simplement prendre le temps de réfléchir et de méditer sur ta propre expérience.

Et enfin, rappelle-toi que la maîtrise de l'esprit est un voyage, non une destination. Cela signifie qu'il n'y a pas de fin, pas de "point d'arrivée" où tout sera parfait. Chaque jour apporte son lot de défis et d'opportunités, et c'est à toi de choisir comment tu veux les aborder.

En fin de compte, prendre le contrôle de son esprit, c'est choisir de vivre pleinement, de saisir chaque instant comme une précieuse opportunité de croissance et d'épanouissement. C'est choisir de ne pas être esclave de ses pensées, mais maître de son destin. Et avec les outils et les stratégies que tu as découverts dans ce guide, tu es désormais équipé pour entreprendre ce voyage avec confiance et détermination.

Un appel à l'action : le moment de changer c'est maintenant !

Tout au long de ces pages, tu as navigué à travers les profondeurs de ton esprit, exploré ses recoins les plus secrets, confronté ses ombres, et célébré sa lumière. Mais, comme pour toute aventure, la vraie quête commence à la fin du voyage. Car si la connaissance est précieuse, elle ne vaut rien sans l'action.

Te souviens-tu de ce sentiment d'oppression, de ces chaînes invisibles qui t'entravaient lorsque tu as ouvert ce livre pour la première fois ? Ces chaînes, aussi solides qu'elles puissent paraître, sont faites de pensées, d'habitudes, et d'émotions. Chaque page que tu as tournée, chaque idée que tu as assimilée, a été comme une clé, forgée pour déverrouiller ces entraves. Mais il t'appartient maintenant d'utiliser ces clés.

Le monde extérieur est en constante évolution, tout comme ton monde intérieur. Chaque jour, tu es confronté à de nouvelles situations, à de nouvelles émotions, à de nouveaux défis. Mais souviens-toi : tu es désormais armé. Tu as les outils, les connaissances et, surtout, la volonté de faire face à ces défis.

Chaque matin, en te réveillant, rappelle-toi cette promesse que tu t'es faite en ouvrant ce livre : celle de reprendre le contrôle de ton esprit, de ta vie. Ne laisse pas cet élan, cette énergie positive, se dissiper avec le temps. Car si le voyage à travers ce livre est terminé, ton propre voyage, lui, ne fait que commencer.

Prends un moment pour te féliciter de tous les pas que tu as déjà franchis. Mais ne t'arrête pas là. Engage-toi, ici et maintenant, à mettre en pratique tout ce que tu as appris. C'est maintenant que le véritable travail commence, c'est maintenant que tu vas vraiment commencer à vivre.

Peut-être as-tu marqué certaines pages, ou pris des notes en marge. Revisite-les. Fais-en tes mantras quotidiens, des rappels constants de ce que tu veux accomplir. Et chaque fois que tu te sens dépassé, chaque fois que ces pensées envahissantes menacent de reprendre le dessus, reviens à ces pages. Trouve-y la force et l'inspiration pour continuer.

Enfin, n'oublie jamais que tu n'es pas seul dans cette quête. Partage ton expérience, tes réussites, mais aussi tes doutes et tes peurs, avec ceux qui t'entourent. Car en partageant, tu renforces ton engagement, tu t'ancres encore plus dans cette nouvelle réalité que tu es en train de créer pour toi-même.

Maintenant, ferme ce livre, respire profondément et ouvre les yeux sur le monde qui t'entoure. C'est un monde plein de possibilités, d'aventures, et de beauté. Et c'est à toi de le modeler, de le façonner selon tes désirs et tes rêves. Alors, qu'attends-tu ? Le moment de changer, c'est maintenant. Le futur est entre tes mains. Forge-le, crée-le, vis-le. Tu as le pouvoir. Prends-le en main et fais-en le plus beau des chefs-d'œuvre : **ta vie**.